Agua y jabón

Marta D. Riezu

Agua y jabón

Apuntes sobre elegancia involuntaria

EDITORIAL ANAGRAMA

BARCELONA

Ilustración: *Zanclus cornutus* y *Acanthurus nigroris*, foto © Josef Maria Eder
y Eduard Valenta, 1896. The Metropolitan Museum

Primera edición: junio 2022
Segunda edición: julio 2022
Tercera edición: agosto 2022
Cuarta edición: agosto 2022
Quinta edición: noviembre 2022
Sexta edición: marzo 2023

Diseño de la colección: Julio Vivas y Estudio A

© EDITORIAL ANAGRAMA, S. A., 2022
    Pau Claris, 172
    08037 Barcelona

ISBN: 978-84-339-6133-4
Depósito Legal: B. 8102-2022

Printed in Spain

Liberdúplex, S. L. U., ctra. BV 2249, km 7,4 - Polígono Torrentfondo
08791 Sant Llorenç d'Hortons

Para Ignasi y Carles, que creen en Dios, en Wagner y poco más

La anécdota es conocida. Preguntaron a Cecil Beaton qué es la elegancia, y respondió: agua y jabón. Que es lo mismo que decir: lo elegante es lo sencillo, lo honesto, lo de toda la vida.

La elegancia involuntaria no tiene que ver con la moda, ni con el dinero, ni con lo estético. La asocio a la persona que aporta y apacigua, a la alegría discreta, al gesto generoso. Ensancha y afina nuestro mundo. Está siempre cerca del silencio, el bien común, la paciencia, la naturaleza, la voluntad de construir y conservar.

Si la *elegancia* les suena demasiado pretenciosa, piensen en la *gracia*. Es más viva y menos solemne, y también tiene carácter e integridad. Se trata, en fin, de una cualidad escurridiza no siempre evidente, y que puede surgir en cualquier momento, si las circunstancias son las adecuadas.

Sé que es una paradoja escribir sobre lo que prefiere pasar inadvertido y huye del mercadeo y el ruido. Lo que aparece en este libro no necesita ser reivindicado, pero creo que algo interesante merece recibir halagos una y otra vez. Disfruto mucho la complicidad de la admiración conjunta y me he permitido el entusiasmo del aprendiz.

Estos apuntes se dividen en tres partes: personas, objetos, lugares. No esperen emociones fuertes. Es un mundo fragmentario, lento, de convivencia fácil. La barredura de nombres se puede leer aleatoriamente. Abrir por cualquier página, un rato de compañía, descubrir algo, ir a dar un paseo. Eso sería perfecto.

El lector detectará rápidamente mi obstinada afición por las notas al pie. Pretenden ser informativas e irritantes. Pueden ignorarlas, por supuesto, pero para mí ejercen el rol que tiene la cocina en las fiestas en casa.

Lo recogido en *Agua y jabón* es el resultado de una trayectoria intuitiva y desordenada. Hay obsesiones antiguas y otras recientes, aunque suelo fiarme más de las lealtades sostenidas en el tiempo. No es un libro de imaginación, sino de observación. Reúne los afectos de la mitad de una vida, con ausencias intencionadas y errores ocasionados por el descuido o la ignorancia.

El misterio sigue siendo por qué algo muy concreto –y no otra cosa– despierta nuestro interés.

I. TEMPERAMENTOS

Elegante, sí. Involuntario, no. No había nada involuntario en el refinamiento modelado a conciencia de Cecil Beaton. No debería aparecer en este libro. Pero resulta que Beaton me encanta, así que abro estas páginas con él, en deuda con su frase para el título. Agua y jabón como un modo de vida. Salir adelante con ligereza y responsabilidad.

Bautizar este libro a partir de una cita de Beaton –el título salió enseguida, además– es un gesto pretencioso por mi parte, algo así como ponerle Archibald a un burro granaíno. Creo que se trata más bien de una invocación, el santo al que ofrecí velas para hacer este camino.

La ambición y capacidades de Beaton eran apabullantes, casi ofensivas. Era un gran fotógrafo, un buen diarista, un diseñador finísimo e implacable con una comprensión total de los espacios y volúmenes. Tenía unas ganas salvajes de esquivar el mohín conformista de la clase media, la vida de oficina, la agenda sin nombres interesantes, y activó todos los medios posibles para construirse un reino a medida. Desde niño pensó que el mayor crimen es ser un aburrimiento para los otros. Por ese rechazo a convertirse en una criatura de lo común editó sin piedad sus amistades y pulió sus intereses, que acabarían homologando un estilo de vida. La confianza en su criterio lo convirtió en árbitro del gusto, y más tarde en forense de un tipo de indolencia ilustrada en extinción.

Nació en 1904 en el Hampstead[1] eduardiano. Dejó Cambridge sin haberse licenciado y entró en Condé Nast en 1927. Su inexperiencia quizá lo debería haber acobardado, pero Beaton ya tenía la hoja de ruta en su cabeza. Retrató a la generación adinerada y alborotadora que la prensa bautizó como *bright young things*. En lugar de intimidarse por meteoritos como Harold Acton o el lánguido Stephen Tennant, comprendió que su visión podía conseguirle un puesto entre ellos. La admiración es una barrera. La complicidad respetuosa, en cambio, lo convierte todo en un juego. A Edith Sitwell, por ejemplo, la retrató con un turbante morisco, tomando el té en una enorme cama con dosel. El mérito de Beaton no era solo la ambición tan encarrilada, sino la correcta elección de las referencias para conectar con quien tenía delante; para fotografiar a Sitwell le dijo que tenía en mente «un Zoffany».[2]

Beaton logró la mejor existencia posible: aquella en la que se logra una correlación entre los sueños y las capacidades. Pero vivir persiguiendo lo sublime conlleva un desgaste aními-

1. Allí vivieron Coleridge, Waugh, Constable, Keats u Orwell. Luego, con los nuevos ricos y sus necesidades bizantinas de espacio, llegaron los bulldozers. The Heath & Hampstead Society defiende como puede el legado histórico del barrio.

2. ¿Por qué no se habla más del alemán Johann Zoffany? Este pintor neoclásico (1733-1810) vivió seis años en India, y en uno de sus viajes su barco naufragó cerca de las Islas Andamán. La leyenda dice que los supervivientes sortearon quién iba a ser comido por los demás, y perdió un marinero. Eso convierte a Zoffany, que se sepa, en el único pintor antropófago de la National Gallery.

co, una soledad implacable. El mundo de hoy, obsesionado con parecer interesante, le resultaría tan grosero como fascinante.

Henri de Toulouse-Lautrec: *William Tom Warrener en el Moulin Rouge*, 1892. The Metropolitan Museum of Art.

*

Yo tenía diez años y dos niñeras: Snoopy y Gianni Rodari. Cada tarde al salir del colegio iba a la biblioteca. Allí era feliz: había silencio, butacas viejas, escaleras de madera crujiente, expositores con fósiles, merienda y posibilidad de infinitas lecturas.

Un niño flaco y rubio que se llamaba Raúl me perseguía sin tregua. Su halago preferido era que yo me parecía a Brenda de *Sensación de vivir,* lo que da pistas de su mal gusto y de mi provecta edad. Una tarde en la que leíamos juntos lo vinieron a buscar. Su padre, lo supe después, había muerto en un accidente laboral con una grúa. No lo volví a ver hasta años más tarde, y no me reconoció. Tenía la mirada solidificada.

Mi primera libertad la ejercí delante de las estanterías de aquella biblioteca. El préstamo sí lo imagino vigilado, pero la lectura *in situ* quedaba fuera de todo control. Dios guió mi mano, la apartó de peligros como Paulo Coelho y apuntó hacia Gianni Rodari. El flechazo fue instantáneo y profundo.[3]

La de Rodari es una literatura de buenas preguntas, objetos misteriosos y acontecimientos incomprensibles. Es una de las pocas personas legitimadas para hablar de creatividad. O mejor: de fantasía, más alejada de la viabilidad y el dinero. Su nombre aparece en el archivo de mi mente junto a dos primos hermanos fonéticos, tan elegantes como él: Bruno Munari y Enzo Mari.

Munari, hombre de mil talentos y humor finísimo, no dejó de explorar nuevas estéticas y de escabullirse de las disciplinas en las que querían etiquetarlo. Junto a Rodari inventó una nueva jerarquía de las ideas, con pedagogías vinculadas a los cielos despejados de la imaginación. Ambos tenían un respeto reverencial por la desorientación y el error. En *Design as Art* Munari reta al diseñador a ser alguien útil para la sociedad, no un autor endiosado dividido entre una vida real cobarde y el refugio de un mundo creativo ideal.

El revolucionario Enzo Mari huyó del juego de las galerías, la pornografía del ego, el fetichismo del *merchandising*. Democratizar no es Ikea; divulgar y compartir es lo que hizo Mari con su serie *Autoprogettazione* (1974), cumbre radiante del hágalo usted mismo. Su trabajo con los objetos no tiene mucho que ver con los anteriores, pero he juntado a los tres en la misma mesa del banquete de bodas porque compartían

---

3. Lo primero que leí fue *Contes escrits a màquina*. Yo entonces no lo sabía, pero había sido traducido con mucha gracia por el editor Francesc Sales, sobrino de Joan Sales *(Incerta glòria)* y padre de Martí Sales.

un instinto natural para lo bello, una integridad a prueba de bombas y un compromiso intuitivo con lo útil.

Rodari, Munari y Mari creían verdaderamente en la humanidad.

*

He tenido que explicar a muchos incrédulos por qué Snoopy fue tan importante en mi infancia y por qué no lo considero un personaje infantil, sino literatura de primera. Schulz no suaviza la realidad. La filosofía hobbesiana de los Peanuts es exacta. La infancia es una batalla constante; los adultos creemos proyectar una imagen de éxito, pero nuestras miserias no engañan a nadie; la soledad es el único puerto pacífico.

Luego está la profundidad de los personajes. El antihéroe Charlie, que intenta –en vano– ganarse el respeto de su entorno. Lucy, *entrepreneur* y feliz en su maldad.[4] Schroeder, que tiene el consuelo de su piano, del arte. Linus, mi debilidad: independiente, amable, estoico. La hippie narcoléptica Peppermint Patty, «esa parte de nosotros que va por la vida con los ojos vendados»,[5] y su compinche Marcie, que la trata de usted *(«You're weird, sir»)*.

¿Y Snoopy? Bueno, Snoopy es solo un perro, sabe que para él no hay esperanza de ascenso social. Aun así, quiere ser mucho más: un escritor profundo,[6] un estudiante univer-

4. Un fan declarado de Lucy es el cineasta John Waters: «Me gusta su narcisismo, sus rabietas y maldiciones, su política vital (¡Yo lo sé todo!) y sus malos modos (¡Aparta de mi camino!). Su famoso ceño fruncido me resulta tan icónico como la expresión de la Gioconda.»

5. En definición de su creador, Charles M. Schulz.

6. Su famosa frase de inicio de novela, *«It was a dark and stormy night...»*, se la roba al escritor y político *whig* Bulwer-Lytton.

sitario *cool,* un abogado de moral laxa o un piloto británico de guerra a bordo de su Sopwith Camel. A pesar de ser egoísta, vago y estar obsesionado con la comida, se mantiene leal a su dueño, de quien ignora el nombre *(«the round-headed kid»).*

No se puede apreciar el universo Peanuts leyendo unas cuantas tiras suéltas. Su alcance poético solo aparece siendo un espectador devoto de la infinita repetición de patrones. En ese microcosmos los adultos no existen. Los niños encarnan las neurosis de la civilización moderna: la obsesión por el éxito, la competencia, la incertidumbre. Y con una economía de medios notable; en cada tira apenas hay tres o cuatro frases cortas.

Umberto Eco: «En esa enciclopedia de la debilidad contemporánea hay repentinos destellos de luz, variaciones libres, *allegros* y *rondos,* y todo se resuelve en unos pocos compases. Schulz es un poeta de la infancia. En cada tira resume, con dos trazos de su lápiz, su visión de la condición humana.»

*

Chafardeo la BBC a la hora de comer. Un hombre y una mujer de ochenta y muchos se reencuentran en casa —ella viene del hospital— después de meses separados por la enfermedad. Ambos lloran con toda la discreción de que son capaces. Ella intenta tener el peinado en su sitio, sin mucho éxito. No me parece una frivolidad. *«Don't look at me! I look horrible!»* El marido le responde: *«No, you look beautiful.»*

*

Ante todo, la aceptación de una derrota: todos los obsesionados con el silencio tenemos un punto de chifladura. El más sufriente fue el abad Cisneros, que cada vez que encontraba un rinconcillo tranquilo se veía saboteado por su propia imaginación: «Las fantasías engendran desvariados ruydos y grandes garrulaciones, trayendo delectaçiones inmundas y carnales, mostrando danças y hermosuras.» El abad aconseja proveerse de «humilde paciençia y lugar secreto». Y unos buenos tapones para los oídos, añado, como los que compré en una armería.

El silencio es encontrar a ciegas el pecho de la madre, intuir el camino sin saber nada aún. Es una rareza física y metafísica que obliga a estar atento. No solo es la ausencia de sonidos, sino una capacidad que pide de nuestra parte. «Es la llave que permite introducirse en la complejidad de la conciencia. (...) Detiene, ordena, crea y disuelve.»[7]

El silencio también es un gran NO.

El ruido, feria gratuita de la distracción, solo me gusta lejano y atareado: los niños en el parque vecino, el esgrima de los cubiertos a la hora de comer, el trajín de la vuelta a casa al final de la jornada laboral. En cambio, el ruido traidor me da ganas de matar: el petardo de un imbécil, el portazo desaliñado, el bocinazo caprichoso.

Persigo cada vez más el silencio y me advierto del peligro que eso supone. No debería ser renuncia, ni individualismo, ni neurosis. Solo una sencilla calma. «Estar sosegado en lo limitado.»

*

Pregunto a mi comité de sabios acerca de sus dandis preferidos. Se menciona a Walpole, D'Annunzio, Robert de Mon-

7. Ramón Andrés, *No sufrir compañía. Escritos místicos sobre el silencio*, Acantilado, Barcelona, 2010.

tesquiou, Paolo Portoghesi (que cría gallinas moñudas holandesas), John Wilmot, Mariano Téllez-Girón, Luis Antonio de Villena, pero no hay un claro recambio generacional.

La elegancia involuntaria del dandi no reside en sus elecciones estéticas, sino en su actitud vital: ser improbable e impasible. Esta figura en los márgenes no busca riquezas, sino singularidad. El dandi quiere ser infeliz del modo que a él le dé exactamente la gana.

Los fundadores de la Sociedad Española de Ornitología
en una excursión a Guadarrama, 1954. De izquierda a derecha:
Federico Travé, José Antonio Valverde, Mauricio González-
Gordon, Ramón Saez-Royuela, Francisco Bernis y, sentado,
Pedro Weickert. Archivo Francisco Bernis.

*

De niña me daba vergüenza que mis padres fueran viejos. No solo viejos, sino antiguos. Me tuvieron con cuarenta años y los recuerdo siempre mayores. Ahora me doy cuenta de lo insólito de haber convivido con valores del siglo XIX en pleno siglo XX, y entrar a continuación en el XXI con la herencia de sus ideas.

He visto suficientes películas de sobremesa para intuir la fortuna que supone crecer en una familia normal. Qué era entonces normal: una casa en la que no se hablaba de sentimientos y nadie decía jamás «te quiero». Una en la que el mueble bar criaba telarañas. Con diccionarios, enciclopedias y tocadiscos. En la despensa no había nada con nombres que mi madre no supiera pronunciar. Una casa donde a la hora de comer, con puntualidad suiza, se apagaba la televisión. En la mesa no se permitía cantar, tamborilear ni decir palabrotas. No te daban atención continua: había que distraerse solo y ganarse la escucha.

Una familia que sabía que solo contaba con el esfuerzo, y quizá con algo de suerte. Una familia que te invitaba a repetir «por favor» y «perdón». Quien lleva eso en las alforjas ya lo tiene todo para ir con viento favorable por la vida. Se ve al ir cumpliendo años. La rutina, el cobijo de la estabilidad, el equilibrio. Aprender a *estar,* para años después poder *ser.*

A veces, sin embargo, envidio a quienes crecen en una familia rebosante de cultura llena de personajes chalados con nula habilidad para la vida doméstica. Abuelos escritores, un tío tahúr, hermanos cineastas, primos exploradores. Esas sagas en las que cada miembro aporta un genio propio —rarezas propias también— y donde la suma de habilidades crea una entidad autónoma. El apellido deviene un constructo más grande que ellos, un acertijo, un carácter tipificado del que es difícil huir.

Como los Falaise, con Oswald, retratista de la casa real inglesa; Mark Birley, fundador del club privado Annabel's, remodelado por completo en 2017 por las sucias manos de un magnate del ocio, y Loulou, mano derecha de Yves Saint Laurent, nacida en Londres pero más francesa que un *éclair.*

Como los mallorquines Sureda Bimet, que tenían un borrico que transportaba por toda la finca los bártulos de pintura de la familia y atendía a la llamada de uno u otro.

Como los Cirlot, con Juan Eduardo, autor del *Diccionario de símbolos,* raro exquisito, intelectual antiacadémico, refinado sin ningún interés por lo trágico. Las dos hijas: la historiadora Lourdes y la medievalista Victoria, especializada en literatura artúrica, con la casa llena de espadas maravillosas y porte de modelo de Armani.

Como los Pániker, con Raimon («Todos nacemos con el arquetipo monástico: de niños nos sentimos bien en la sencillez, la tranquilidad, la observación, la cooperación») y Salvador, tan inteligente como su hermano mayor pero con muchos más vicios. Bien pertrechado en una casa setentista de Pedralbes con olor a libro y lavanda, de humor seco, defensor del narcisismo decreciente: «Hay que dedicar la primera parte de la vida a crear un ego fuerte, y la segunda mitad a ir deshaciéndose de él.»

Como los Vela Zanetti, con José, pintor de campesinos, que en 1952 dibujó en la sede de la ONU los impresionantes dieciocho metros del mural *La ruta de la libertad.* Se instaló allí con pinturas, brochas, una cafetera y (esto es lo mejor) un pequeño mueble donde guardaba las pipas y el tabaco. Su hija María, escritora insobornable. Ángel González, marido de María, crítico de arte con un don para descifrar el arte de los locos. Imprescindible su colección de ensayos *Pintar sin tener ni idea,* que no contiene una micra de academicismo pánfilo.

Como los Bonet, con la abuela escritora, Asunción Correa; su hijo, el historiador Antonio Bonet Correa; y el nieto, el crítico de arte Juan Manuel Bonet. Entre los cientos de exposiciones que este último ha comisariado, un elegante tras otro: Henri Michaux, Alex Katz, Mariano Fortuny y Madrazo, Leopoldo Pomés, Josef Sudek... Le fui tomando simpatía a Bonet de la manera más tangencial posible; en un libro acerca de sus visitas al Rastro —más sobre eso en la segunda parte— Andrés Trapiello habla mucho de su compinche de paseo, que no es otro que Bonet. Ahí descubrimos a un hombre observador, sistemático y cómplice, alguien que camina con las manos entrelazadas en la espalda y una mirada benigna al mundo.

*

El mejor título posible en la estantería de libros sobre arquitectura (que suelen ser un plomo) lo firmó John Betjeman: *Ghastly Good Taste: Or, a Depressing Story of the Rise and Fall of English Architecture.*

También me encanta *Invariantes castizos de la arquitectura española,* de Fernando Chueca.

*

Quien bien nos quiere se fija en lo que nos gusta, pero quien nos aprecia de verdad memoriza lo que detestamos. Para ahorrárnoslo, sobre todo; pero también para esgrimirlo en un momento tenso y hacernos reír.

*

La única persona a la que le he pedido un autógrafo en mi vida: Arsenio Iglesias. Eran los noventa, las dos familias viajamos por el norte y llegamos a Santiago de Compostela. Mis primas y yo lo vimos desde la otra punta de la Plaza del Obradoiro. Salimos corriendo como para avisarlo de un meteorito a punto de caer sobre él. Mi devoción quizá viene de su elegancia involuntaria en la rueda de prensa después del penalti fallido de Djukic (y la liga perdida) en el Depor-Valencia de 1994: «Mucho que decir y poco que contar.»

*

Guardo mejores recuerdos de la escuela que de la universidad. En la primera no tenía mucho a favor; era enana, *nerd,* no jugaba a hockey y no tenía ni un apellido catalán. Pero todo fue como la seda. Sin apenas estudiar tuve muy buenas notas –¿se puede ser más asqueroso?– y mis amigos lo hicieron todo muy fácil. Sigo acordándome de mis profesores, y pienso si debería enviarles una carta de agradecimiento, aunque hayan pasado décadas.

Es imposible poner precio a la paciencia de los maestros. Son los primeros con quienes practicamos el arte del debate, herramienta insustituible de civilización. El diálogo como ideal de sociabilidad, lejos de la fuerza bruta. Los buenos profesores «prenden fuego en las almas nacientes de los alumnos» (Steiner).

Una suerte de mi generación: todavía nos formamos en la privacidad y la autoridad –una autoridad moral, no la que otorga el miedo–. No existía el elogio gratuito. Nos apoyaban, pero si la fastidiábamos nos lo hacían saber rápido, sin dramas, y así es como uno perdía el miedo al fracaso. Hoy algunos piden enseñar más habilidades y menos información; la información, dicen, ya está toda ahí a golpe de clic. Ese es el peligro de confundir información con conocimiento, datos con espíritu crítico, acumulación con educación.

Instruir es un arte, más que una profesión, y el material humano con el que trabaja un tutor es el más frágil de todos. Jordi Llovet: «Esa cofradía sabia y dialogante, incardinada en la vida social, y dedicada a algo más que la transmisión de saberes archivados.»

*

Aunque soy católica, a ratos tengo la tentación de inventar un credo propio, como hizo el argentino Federico Manuel Peralta Ramos con lo que él llamó la *religión gánica:* «Hacer siempre lo que a uno le venga en gana, creer en el gran despelote universal, no mandar, no mitificar nada, regalar dinero y dejar a Dios tranquilo.»

En 1968 gastó los 3.500 dólares de su beca de la Fundación Guggenheim en comprar cuadros de amigos pintores, pagar una deuda, imprimir tarjetas de visita donde ponía «Becario Guggenheim», hacerse tres trajes a medida y dar un banquete para veinticinco amigos. Cuando la fundación le pidió explicaciones, les mandó una carta-colofón: «Que una organización de un país que ha llegado a la luna no comprenda la gran creación que es la forma como yo gasté la beca me sumerge en un mundo de desconcierto y asombro.»[8]

Lo increíble del vasto universo propio de Peralta Ramos es que, viajes de juventud aparte, nunca se interesó por nada que pasase más allá de las cuatro manzanas de su barrio.

*

Ahora que ya está claro el coste ecológico de la aventura *low cost* caprichosa, admiro todavía más a los inmovilistas que saben que en nuestra misma calle están representados todos los vicios y virtudes humanos.

8. Esteban Feune de Colombi, *Del infinito al bife,* Caja Negra, Buenos Aires, 2019.

Paul Léautaud, anglófilo y feroz, vivió rodeado de gatos y perros, fue un gran paseador (era adicto al inofensivo chisme vecinal), pasó las tardes releyendo a su adorado Stendhal y se dice de él que vivió ocho años nada más que de patatas y queso.[9] Ante esa entrega ardiente a la repetición culinaria, ¿cómo no vamos a entender que raramente saliese de París? Llegó como mucho a Calais, una vez allí sintió el vértigo de lo extraño, y volvió a cámara rápida al hogar para seguir escribiendo sus sensacionales diarios literarios.

El colmo de la vida centrípeta es quedarse siempre no ya en la misma ciudad, sino en la misma casa, como el Des Esseintes de Huysmans o el *Voyage autour de ma chambre* de Xavier de Maistre.

Ben Shahn: *Washington Court House,* 1938.
The New York Public Library.

*

9. Esto lo dijo, para ser exactos, la malasombra de Nancy Mitford en sus cartas a Evelyn Waugh.

The New York Times siempre será mi diario favorito, a pesar de todos los pesares. Puntilloso, literario, esnob (tuvo hasta un crítico de perfumes, Chandler Burr), calculador, incapaz de admitir que se ha equivocado. Es nuestro viejo catedrático más admirado, con sus chaquetas de *tweed* y su Beetle chatarra.

En sospechosa contraposición, el *Financial Times* es un producto más transparente: directo, cruel y realista. Sabe que el mundo no es una batalla de ideas, sino de intereses económicos. Edita un suplemento con un título fabuloso, «How to Spend It», una selección de casas, diseño industrial, viajes y arte redactada a muchos palmos del suelo.

Cuando las fuerzas rebeldes irrumpieron en 2011 en el recinto donde se escondía el coronel Gadafi, este tenía un ejemplar de «How to Spend It» junto a una caja de analgésicos y un envase de crema anticelulitis. Ni el mejor guionista.

*

Cómo detectar a un mediocre: por su gusto por lo extraordinario. Le gusta todo cuanto más embrollado mejor: lo centelleante, lo atronador, ese horror indefinido que es lo *premium,* lo VIP, lo *in-your-face,* el «ya que pago, que se note». Lo discreto le aburre, la rutina le desespera. No ve nada; ni el milagro de la fuente en la calle, ni la dignidad cívica del buzón de correos, ni la tentación del pico de pan.

*

Hora del almuerzo en el salón de un club privado. Dos ancianas enjoyadas, diminutas y dispuestísimas se acaban de sentar para comer. Al poco de empezar, detectan que falta algo en la mesa y llaman a su camarero de siempre.

–¡Emilio!

–Dígame, señora marquesa.

–¡Montones de mantequilla!

*

Obsesiones. ¿Mejor tenerlas en la adolescencia, en la infancia, cuanto antes? Sí, así nos queda el resto de la vida para profundizar e ir sumando otras. Con los años, ciertos nombres se nos vuelven recurrentes. Volvemos a ellos en diferentes momentos de nuestra vida, con la mirada transformada.

Si la literatura ocupa en este libro más espacio que el arte, la arquitectura o el cine es porque los libros fueron mi primera compañía en la vida. Desde aquellas primeras tardes en la biblioteca solo he encontrado un método fiable para no leer demasiada broza: el eslabón. Partía de un nombre fiable y conocido, buscaba libros y entrevistas donde esa persona recomendaba a otros autores de su devoción, y leía a esos otros. Es un recurso tan viejo como la humanidad: se llama boca a boca.

Es inútil que intente elaborar una lista de mis escritores favoritos. Inevitablemente va a resultar incompleta y repelente. Acaban saliendo los nombres de siempre (Homero, Cervantes, Shakespeare, Montaigne, Dante, Stendhal, Balzac, Flaubert, Proust, Joyce, Dostoievski, Tolstói), y esos ya los conocen. Lo que sigue tampoco es, desde luego, un canon. Cómo voy a proponer un canon literario, si ni siquiera sé meter bien la funda del nórdico.

Faulkner, Goethe, Brodsky, Zweig, Aleksiévich, Ginzburg, Munro, Magris, Trollope, Morand, T. S. Eliot, Sontag, Barthes, Saki, Benjamin, Eco, Rilke, Baroja, Delibes, Pla, Rodoreda, Ferrater. Estos son, sin orden ni concierto, algunos nombres a los que vuelvo una y otra vez. Se ocupan de lo que creo importante de verdad en la literatura: la honradez, la generosidad, el miedo, la rareza. Abrirse en canal, meterse en líos, devolver la dignidad a quien la perdió. Intentar salvarnos por un rato, como en esos juegos infantiles de tocar la pared.

*

Cuando murió Gloria Van Aerssen, de Vainica Doble, sus cuatro hijos contaron en una carta cómo su madre conoció a Carmen Santonja: «Estos últimos días hemos estado recordando. Nos vemos llegando a casa del colegio; entrar corriendo en el salón, mamá y tía Carmen al piano, el Steinway herencia de tía Albertina. Paraban para merendar con nosotros. Nuestra madre conoció a tía Carmen en una parada de autobús. Estaba silbando *Tannhäuser* y mamá se acercó, se unió a ella silbando una segunda voz, y a partir de ese momento se hicieron inseparables.»

*

Llegados a una cierta edad nos conviene hacer campaña en defensa de los maniáticos y de su capacidad intuitiva para detectar los horrores de la vida moderna. Mi apoyo a los solteros, subespecie maniática, se debe precisamente a sus chaladuras geniales. Hay hábitos que convierten al célibe en un inepto social, pero si se logra un equilibrio sensato con las compañías puede convertirse uno en un ejemplar magnífico. Parafraseando la frase desgastada de Tolstói: todas las parejas se parecen, mientras que un soltero siempre tiene un sello propio. Las décadas pasan, las relaciones cambian, pero –decía el santo patrón de los solteros, Josep Pla– lo que no cambia es el divorcio.

Mi caprichoso predilecto es Sir David Tang, oxímoron viviente: empresario divertido, filántropo indisciplinado, frívolo reflexivo. En su columna de opinión en el *Financial Times,* «Agony Uncle», dejaba patente su total desinterés por los bobos, el equilibrio necesario entre decoro y provocación y la necesidad indispensable de autoeducarse. Tang hablaba de cosas absolutamente triviales pero jugosas, por ejemplo: no comprar copas ridículas, desconfiar de cualquier no-francés que se haga llamar André, tener una relación sana con el bronceado, encajar bien una broma, escribir notas de agradecimiento donde no aparezca la palabra *gracias,* distinguir lo informal de lo cómodo, o cómo ser firme con el respeto ajeno e irreverente con el propio.

*

Coincido en algo con todos mis amigos presumidos: con el paso de los años la moda nos ha ido importando un pito, pero nos sigue interesando la ropa. Es decir, el específico poder evocador y comunicativo de una prenda. Cuando alguien lleva un atuendo elegido por instinto y sin pretensión alguna, la ropa se disuelve hasta hacerse invisible. Solo vemos a la persona siendo ella. Al desvestirse y dejar sus cosas encima de la cama, la ropa seguirá teniendo su espíritu, su intención y su filosofía de vida. La persona seguirá estando ahí. En la penumbra del dormitorio de mis abuelos, la bata de flores que descansaba en la silla era un compendio íntimo de mi abuela: contenía sus gestos, sus formas, su lugar en el barrio y su tarde frente a la tele.

Los buenos diseñadores no viven dentro de la moda. Apenas es su punto de partida. Para ellos resulta un mero vehículo para hablar de lo verdaderamente importante: la filosofía, el arte, la naturaleza, la política. Los buenos diseñadores se fijan en las personas, y con su trabajo cuentan historias honestas acerca del ser humano; lo que necesitamos, lo que queremos ser. Los malos diseñadores solo se fijan en otros diseñadores. Todo lo que existe hoy en moda se lo debemos a esos creadores que abrieron caminos, y también a los anónimos que, desde sus casas, sin formación pero con una buena dosis de gracia natural e intuición, cosieron uniformes, camisas, ropa infantil.

Makea Tavake Ariki y la tribu Karika, 1888.
Autor desconocido. Alexander Turnbull Library.

*

Amo a los actores secundarios. Tienen el mismo carisma –sin los desvaríos– de las estrellas de cine. Es necesaria una sensibilidad especial para acatar la etiqueta de adjunto, sobre todo cuando el talento es palpable.

Mis preferidos forman una generación del cine español nacida alrededor de 1920, y ya casi desaparecida: Margot Cottens, María Luisa Ponte, Rafaela Aparicio, Chus Lampreave, Laly Soldevila, José Sazatornil, Gracita Morales, María Isbert, Tina Sainz (nuestra Rita Tushingham), Manuel Alexandre, la voz trémula de Luis Ciges.

Su aspecto supuestamente común –extraordinario, en realidad– era el del españolito medio, el españolito que va tirando. Casi nunca se les sabe poner nombre; uno los ha visto mil veces, en el fondo, dando réplica. Sus caras familiares y confortables son las caras de los actores de reparto de nuestras rutinas: el bibliotecario, la carnicera, la chica de la panadería, el estanquero. Si los vemos fuera de su lugar en la consulta del médico o en la playa sobreviene el cortocircuito: quién es, le he visto mil veces.

*

Cinco empleos que me hubiera gustado tener en otra vida.

Redactora jefe de *Interview,* de 1969 a 1971. Escucharía conversar a Gerard Malanga, Paul Morrissey, Warhol y al hippie de John Wilcock. Fue él quien convenció a Warhol para hacer una revista, la idea inicial del artista era rodar una película. *«Andy, you know all my friends do underground papers. Why don't you focus on doing a paper instead? He paused for a bit and then just hung up. He called back about two minutes later, and asked: what* kind *of paper?»*[10]

Asistente de Franco Maria Ricci, de 1981 a 1990. Sería testigo de la primera impresión del *Codex Seraphinianus* de Luigi Serafini, podría leer todos los Bodoni de su biblioteca, conocería a Borges, Umberto Eco y Roy Strong; pasaría a visitarlo Vincenzo Campo (Edizioni Henry Beyle), caminaría por el laberinto de bambú de su casa. Lo mejor sería verle en acción: un hombre bajito que al entrar en contacto con los libros se volvía gigante.

10. «Andy, ya sabes que todos mis amigos andan metidos en publicaciones underground. ¿Por qué no te centras en hacer una revista? Andy se quedó callado y colgó. Volvió a llamar dos minutos después y preguntó: ¿qué *tipo* de revista?»

Directora de producción de los Ballets Russes de Serguéi Diáguilev, de 1905 a 1912. Cenaría con Prokófiev, Stravinsky y Satie. Archivaría los diseños de Picasso, Dalí, Miró, Matisse. Llevaría un ramo de girasoles a casa de Cocteau cada semana. Vería ensayos de Nijinsky. Iría vestida como una mamarracha feliz todo el día.

Chico para todo de Clement *Coxsone* Dodd en Studio One, el sello y estudio de grabación jamaicano fundado en 1954. Iría en bici Kingston arriba y abajo haciendo encargos, barrería el negociado y lo tendría como una patena, cocinaría para Alton Ellis, Toots & The Maytals, Delroy Wilson, The Skatalites. Impediría el enfado entre Coxsone y Prince Buster. A fuerza de pasar ratos en el estudio, tendría un oído afinado y podría aportar grandes ideas de producción —escoba en mano, quitándole importancia—, y los músicos me añadirían en la letra pequeña de agradecimientos de los álbumes.

Alcalde de Newport (Rhode Island) de 1950 a 1965. En una ciudad tan pequeña conocería a todo el mundo, al menos de vista. Tendría un delegado chivato en cada barrio, me enteraría de todo. Me reuniría con mi secretario mientras camino por el pueblo, le iría dictando órdenes («¡Tome nota, Eugene!»). Vería el nacimiento del festival de jazz. Tomaría el té con los Eisenhower, los Vanderbilt, los Astor, los Widener, y me fijaría mucho en qué pastas sirven. Habría cine *drive-in* gratis los viernes noche. En 1953 estaría invitado a la boda de John Fitzgerald Kennedy y Jacqueline Bouvier en la iglesia de Saint Mary. En 1965, justo después de su concierto, declararía persona *non grata* a Bob Dylan, por pesado.

*

El editor Arnoldo Mondadori (izquierda) charla con el periodista
Indro Montanelli en la terraza de la casa del primero, en Meina,
a orillas del Lago Maggiore. Archivi Mondadori, 1955.

Esta foto es Italia: las entradas y el pelo pulido hacia atrás,
las sandalias de Indro Montanelli, las zapatillas de Arnoldo
Mondadori (modelo Me Importa un Cazzo), los geranios y las
hortensias, el suelo de la terraza (¡y qué terraza!), el lago Maggiore calmo y atento, los pinos inclinados por el viento, la casa
del fondo con sus visillos, el anillo de casado, el gesto explica-
tivo de la mano, la arruga del entrecejo, las narices romanas,
los cuerpos nada atléticos pero sanos, las piernas cruzadas con
complicidad, el pasar completamente de la cámara. Y lo que
no se ve: el talento que contribuye a esa tranquilidad vital.

*

En el amigo busco las pequeñas virtudes: cortesía, gracia,
destreza. En la pareja busco las grandes virtudes: voluntad, generosidad, honestidad.

32

*

Las tardes familiares más felices de mi adolescencia, y esto evidencia mi absoluta falta de *cool,* eran los sábados de sofá con mis padres y *Cine de barrio,* que empezó a emitirse en TVE en 1995. En ese programa vi por primera vez a algunos de los ídolos de mis abuelos: Conchita Bautista, Imperio Argentina, Juanito Valderrama, Manolo Caracol... Me saltaba el ritual algunos sábados, porque quedaba con amigas (y porque las películas eran malísimas), pero no faltaba a ninguna cita con Paco Martínez Soria. Mis padres pensaron al principio que lo hacía para reírme de ellos, hasta que vieron que lo disfrutaba de verdad.

Martínez Soria me gusta dirigido por Sáenz de Heredia o Mariano Ozores, pero sus mejores películas las firmó con Pedro Lazaga: *El turismo es un gran invento, Abuelo Made in Spain, Hay que educar a papá, Estoy hecho un chaval, ¡Vaya par de gemelos!,* y su cúspide: la sainetesca *La ciudad no es para mí,* en origen una obra de teatro protagonizada por él y firmada con seudónimo por Lázaro Carreter. Tramas tardofranquistas sobre esfuerzo, honor, ahorro y familia, sin mención alguna a la política.

En *La ciudad no es para mí* Martínez Soria encarna al arquetipo de pueblerino inocente, incontaminado por las maldades de la urbe. Ese cateto encantador (supuestamente fácil de timar, pero astuto) viste boina, faja, pantalones de pana, señala las cosas con la garrota, tiene un fortísimo acento maño y juega al mus. Y bebe anisete, como el Johnny Ola de *El Padrino.*

La incorrección política de esas películas chirriaba incluso hace décadas. La aprensión hacia el extranjero (el miedo a los negros), las manos muy largas (tocando un escote: «quería ver si esto era un lunarcico, o una cagadica de mosca»), el deseo hacia las turistas en contraposición a la esposa fea y castradora, el miedo a que una hija se quede «embarazada de un *plimboy*» o el recelo al universitario progre («usted se cree que porque tiene el *bechillerato* nos va a avasallar a todos»).

Cuanto más se hace pasar por tonto alguien, más listo sospecho que es. La elegancia involuntaria de Martínez Soria fue sintonizar perfectamente con los desvelos de la España de la posguerra. Vivió en la Gràcia rumbera, tuvo el carnet de la CNT y representó a Shakespeare y Molière. El rústico que miraba los muslos de las suecas programaba en su teatro –el Talía, que compró en 1960– *La casa de Bernarda Alba,* con Ismael Merlo haciendo de Bernarda. Era un maniático del orden y la dicción, escrupuloso con las deudas. Un hombre de pocas palabras, serio, muy aragonés.

*

Todo el encanto corrosivo de Fran Lebowitz se resume en esta crítica de cine para *Interview* (1972): «*This is a movie for children. Retarded children. If you know a retarded child don't take him to* The Pied Piper *unless he is also deaf and blind. If you know a retarded child who is also deaf and blind he has enough problems, so on second thought don't take him either. That doesn't leave much of an audience. But that's ok. This isn't much of a movie.*»[11]

*

11. «Es una película para niños. Niños retrasados. Si conocen a algún niño retrasado, no lo lleven a ver *The Pied Piper,* a menos que no sea también sordo y ciego. Si conocen a algún niño retrasado sordo y ciego ya tiene suficientes problemas, así que bien pensado tampoco lo lleven. Eso no deja una gran audiencia. No pasa nada. La película tampoco es gran cosa.»

Siempre voy hozando para encontrar las conexiones escondidas entre talentos. Aquí va una. Le Corbusier seguía el trabajo del ingeniero, escritor y patafísico François Le Lionnais. Uno de los estrechos colaboradores de Le Lionnais era Louis de Broglie. Ese apellido: Broglie. Sé de qué me suena: lo he leído en los artículos sobre el gabinete de curiosidades Deyrolle, uno de los espacios más bonitos de París, dedicado a la entomología y la taxidermia.

No hace falta elegir grandes causas para mejorar el mundo. Al revés, cuanto más grandilocuentes más sospechosas. Lo urgente es lo pequeño. Por ejemplo: el humilde tomate. Louis Albert de Broglie, familiar del mencionado, compró en 1992 en el Valle del Loira el Château Hôtel de la Bourdaisière, equipado con todo lo necesario para ser feliz: cedros, chimeneas, biblioteca, huerto, escritorios donde confeccionar cartas agraviosas. Broglie, señor limpísimo, inició allí su Conservatoire National de la Tomate, que clasifica y custodia más de setecientas variedades.

Broglie es también –desde 2001– el propietario de Deyrolle. El 1 de febrero de 2008 hubo de madrugada un incendio que destruyó gran parte del gabinete, y pasaré de puntillas por esos días porque la historia es tristísima. En el recuerdo siempre, sin embargo, los que fueron a su rescate: los vecinos del barrio, Hermès, Pierre Assouline, Miquel Barceló, Sophie Calle, Nan Goldin, los Lalanne, Bettina Rheims...

Cuando uno hereda un fortunón hereda también una responsabilidad. De entre todos los modos posibles de disfrutar su dinero, Broglie escogió una causa sin oropeles: la tomatística. Ese hombre, con su dedicación focalizada y discreta, hace más por la biodiversidad que cien zoquetes lanzando proclamas al aire.

*

Soy una cursi. Hay quien tiene asma, o los pies planos, o un hijo tonto. Yo tengo arrebatos de cursilería. Los intento mantener a raya, pero la cabra tira al monte.

Lo cursi entró tarde en España, porque lo cursi nace con lo burgués. Tierno Galván: «El burgués está satisfecho de lo que posee, no de lo que es. Espía con avidez el comportamiento de la plutocracia no por impulso de ascensión, sino por una desazón psicológica causada por la culpa. La burguesía se construye de los escombros de la nobleza y el clero, y le queda una conciencia entre judaica y diabólica.» O sea: el burgués no alza el vuelo por músculo revolucionario, sino por intrigas políticas, amortizaciones y enredos de juzgado. Cultiva una suspicacia congénita, que es la base psicológica de la cursilería. Santiago de Mora-Figueroa: «En España hemos pasado de una sociedad cateta a una cursi.» En lo cursi hay esmero efectista, pero no esfuerzo reflexivo. «No habléis nunca de asuntos que domináis. La sencillez y el amable abandono son los mejores antídotos contra esa enfermedad dominguera de la cursilería.»[12]

En palabras de Gómez de la Serna: ¿qué causa escalofrío cursicional hoy día? ¿Qué quiere pasar por refinado pero resulta ridículo? Es cursi llamar por un apodo de falsa familiaridad a los famosos (Gabo, Jacko, The Boss), los mítines políticos, los forros acolchados de poliéster de los ataúdes, las parejas formadas en *reality shows,* el merchandising de Charlot, colar anglicismos o galicismos porque sí.

Me parece cursi a ratos Juan Ramón Jiménez, intentar copiar a Tony Duquette, hablar en plural de la pareja («no comemos hidratos»); los planos de dron de *Mi casa es la tuya* mientras suenan esas versiones musicales infectas. Aplaudir porque sí, repetir una y otra vez lo inteligentes que son nues-

12. Francisco Silvela, *Arte de distinguir a los cursis,* Trama, Madrid, 2015.

tros hijos, los diminutivos, actores diciéndose te quiero en las entrevistas de promoción, examinar el pañuelo en detalle tras sonarse, las falsas chimeneas, decir «mi ex». Quien ha sido espectador de algo de esto conoce la amargura que produce la clarividencia.

Todo lo pseudosaludable y la mística de baratillo son posiblemente el epítome del cursi contemporáneo: los cristales energéticos, el tarot al tuntún, la secta de los fermentados, el *latte* de cúrcuma, lo crudo, el pobre bosque como lugar al que huir, los budas y los gongs en el cuarto de baño, el viaje a Tulum, la morralla que Goop vende a precio de oro.

En la larga mesa de la pompa y los sentimientos elevados se sienta una gran familia. En ella encontramos lo cursi, lo mono,[13] lo *kitsch,* lo *twee,* lo retro, lo *trash,* lo *quirky.* ¿Y quién preside la cena? Lo camp.

Apreciar lo camp requiere ante todo un profundo respeto a ciertos códigos: el pastiche, el artificio, la ironía, la teatralidad. Una de las miradas más interesantes sobre la sensibilidad camp son las célebres notas de Susan Sontag,[14] que creía –igual ocurre con la elegancia– que hablar de ella era traicionarla. La definió como una victoria ingenua del estilo sobre el contenido. «Lo camp siempre es de una seriedad absoluta, pero una seriedad que fracasa.» Huye del eje bueno/malo, y crea un juicio complementario: algo es encantador o tedioso. El camp saborea los pequeños triunfos. Uno de ellos es descubrir que la alta cultura no tiene el monopolio del refina-

13. No tengo mucho interés en lo *cute*/*kawaii*/cuqui, otras formas académicas de referirse a lo mono. Si les interesa la cuestión, aconsejo leer a Simon May, Daniel Harris, Sianne Ngai, Elaine Scarry, Eloy Fernández Porta o Alexander Nehamas.

14. Susan Sontag, *Contra la interpretación y otros ensayos,* Random House, Barcelona, 2007, trad. de Horacio Vázquez-Rial.

miento. El camp afirma que existe un buen gusto del mal gusto.

Doy gracias a Dios por lo camp, y por todo el buen cine que ha alumbrado: Eisenstein, Carné, Sternberg, Cocteau, Whale, Sirk, Fassbinder, Almodóvar, Minnelli, Anger, Biller, Jarman... John Waters: «*Camp* era una palabra secreta de los gays, los heteros no la entendían. Se usaba para un producto tan malo que se convertía en bueno sin que ni siquiera su autor lo supiera. No se puede crear algo camp a propósito. Surge de algo inocente que intenta ser dignísimo, pero que sale rematadamente mal. Como esa película *Boom!*»[15]

Una tarde tonta en la librería de la filmoteca de Madrid compré *Crackpot* (1986),[16] el libro que Waters dedicó a sus obsesiones y personas favoritas. En 2010 escribió una especie de segunda parte: *Role Models.* Comparo las listas de sus ídolos. En veinticinco años Waters ha pasado de harapiento autor *underground* a artista de morro fino. Siempre se sentirá en su salsa entre la mugre y seguirá leyendo con fruición el *National Enquirer,* pero los exhibicionistas, los asesinos y el *pulp* ya no le interesan tanto como Yukio Mishima, Cy Twombly, Mike Kelley o Ivy Compton-Burnett. Lo único que me consuela es que amplió sus miras por pura curiosidad, no por estrategia. Hoy,

---

15. La película a la que se refiere Waters se estrenó en España en 1968 como *El ángel de la muerte,* y *a priori* lo tenía todo para triunfar: una pareja protagonista histéricamente enamorada (Liz Taylor y Richard Burton), un director con quilates (Joseph Losey), un autor respetado (Tennessee Williams), el secundario con brillo propio (Noël Coward), la fineza de John Barry..., pero no sirvió de nada. Es tan mala que provoca incredulidad. Se llega a pensar: aquí debe de haber gato encerrado. Pero no; la acción avanza dando tumbos y uno se debate entre la compasión, el tedio y la indignación. En una escena de *Pink Flamingos* (1972) aparece el póster de *Boom!*

16. *Majareta,* publicado en la colección Contraseñas de Anagrama en 1990.

su discurso primigenio (la adicción, la psicosis y el abuso son liberadores y divertidos) no sería recibido con tanta deportividad.

Henri Fantin-Latour: *Rosas*, 1883.
The Metropolitan Museum of Art.

*

El nombre que se le pone a una exhibición no es un asunto menor. Era 2003, paseaba por delante del CCCB y vi un cartel enorme: «Cultura basura».

¿Cómo *no* entrar?

El director de exposiciones era entonces Jordi Balló, a quien tuve de profesor en la Universitat Pompeu Fabra y más tarde de coordinador en el suplemento «Cultura/s» de *La Vanguardia*. Recuerdo unos años especialmente fértiles (pongamos 1994-2004) para Barcelona, la cultura y ese centro en concreto, el CCCB. ¿O eran las gafas de filtro rosa de mi juventud?

Cosas de la vida, el comisario de *Cultura basura* era Jordi Costa, actual director de exposiciones del centro. La muestra, como indicaba su título transparente, tenía un objetivo: celebrar el extravío, fascinarse con la incompetencia, normalizar lo abyecto. Lo *trash* como creador subversivo de productos que dejan en evidencia al sistema.

Para Costa, todo lo basuráceo nace con ciertas elegancias involuntarias: su intensidad, un carácter irrepetible, una belleza lateral. Y es cierto: todo lo que contenía la exposición estaba *vivo*, había sido parido con esfuerzo y pasión, sin miedo a ser juzgado. Todo era genuino. «Cuando el paladar mayoritario parece la única realidad creativa posible, el gourmet de gusto abisal construye su escala de valores en los márgenes de lo aceptado. (...) Un *hit parade* de iconos de culto que jamás escalarán las listas de éxitos.»[17]

Caminando entre aquellos engendros pensé en esos creadores que tenían grandes planes para sus obras y que vieron cómo su producto tomó un desvío en el camino. Un desvío mucho más interesante, sin duda.

Los efectos especiales de Ed Wood, la ingenuidad de la música *outsider* (Daniel Johnston, Florence Foster Jenkins, Heino, Luixy Toledo),[18] esas postales relucientes de una próspera Torremolinos, *gimmicks* como el odorama, Pocholo en *Hotel Glamour,* Manolo el del Bombo, Carlos Jesús, los flyers que encontramos en el buzón invitándonos a *La excursión de la paletilla: visita de un día a Turégano,* la revista *Dígame,* esas páginas personales de Geocities que eran puro *net art.*

Aquellas creaciones alegraron mi corazón y me consoló pensar que, por muy mal que le vaya a algo firmado por mí, con un poco de suerte encontrará cobijo en ese particular olimpo.

17. Catálogo de la exposición *Cultura basura, una espeleología del gusto,* CCCB, Barcelona, 2003.
18. Eché de menos una mención al *talent show Stairway to Stardom* (1979-1990), grabado en Handycam en lo que parece un sótano de Atlantic City con una moqueta con restos de ADN humanos.

Nathaniel Currier y James Merritt Ives:
El hada de la gruta, 1867. The New York Public Library.

*

El hombre sentado a la mesa de un restaurante con amigos. Comparte confidencias en voz baja, pero se le escapa una risa fuerte, a pleno pulmón. He ahí un hombre libre.

*

Tres hortelanos elegantes.

José Alfonso Morera Ortiz, *El Hortelano*.
Una fiebre de Malta deja al niño año y medio en cama. En un giro narrativo hitchcockesco, se distrae mirando con prismáticos a sus vecinos. Descubrirá que uno de ellos es Ambrós, el dibujante de *El Capitán Trueno*. Ahí nace su vocación de pintor.
Durante la mili en Madrid, el primer domingo de permiso —aún vestido de militar— va al Rastro para conocer el puesto de cómics de Ceesepe. Pronto congenia con todo quisqui:

García-Alix, Miguel Ángel Arenas, Ouka Leele, Alaska. Su obsesión con el firmamento y las estrellas lo emparenta con Blake, Van Gogh, Millet, Monet o Henry Darger. En un cuadro dibuja la pérdida súbita de su padre: su chaqueta en el respaldo de la silla, los zapatos a un lado y, en la mesa, una naranja a medio pelar.

Francisco García Hortelano, *Francisco Casavella*.

Uno de sus libros tiene un título que siempre ha sonado a gloria bendita: *Elevación, elegancia y entusiasmo* eran algunos de los dones de Casavella, que cambió su nombre para no ser confundido con el señor del siguiente párrafo. Lo que hubiera podido llegar a escribir no lo sabremos, pero las obras que deja en la estantería están llenas de emoción y referencias de donde espigar. Paría los artículos y ensayos con épica, generosidad y disciplina, sin hacer trampas. Quien esté seco por dentro y se acerque a su trabajo no entenderá nada. Casavella le parecerá una rareza, una fruta sin árbol y sin nombre. Los demás seguiremos asintiendo salvajemente cada vez que lo leamos.

Juan García Hortelano.

Un escritor sin miedo al fracaso tiene más posibilidades de llegar a lugares interesantes. Además de buen oído para la conversación, tenía mano para el distanciamiento irónico, pero mi Hortelano preferido es el sentimental, el que vivía desarmado. Su amigo Juan Benet escribió en su despedida: «Los numerosos obituarios mencionan su bondad a prueba de zancadillas, pero han olvidado resaltar su elegancia. Una elegancia doble, por cuanto todo en su persona hacía presagiar a Sancho Panza, pero en los momentos de prueba demostró tener un espíritu tan pulido como el del escuálido caballero.» García Hortelano y Carlos Barral tradujeron en 1974 esa maravilla de Robert Walser que es *Jakob von Gunten,* pero la Fundación

Carl Seelig, custodia de los derechos de Walser, torpedeó la publicación.

*

Si me preguntan si prefiero admirar o ser admirada respondería que es mucho mejor admirar. Cuando uno es el objeto de los afectos no tiene control sobre nada; a saber quién deposita en nosotros su atención, y con qué oscuros fines. Suele resultar sorprendente descubrir quién nos ha escogido. Siempre es mejor ser el deslumbrado. Carl Seelig era solo un lector del suizo Robert Walser, a quien empezó a visitar en el sanatorio de Herisau, donde el escritor había ingresado *motu proprio* por una enfermedad mental heredada, y donde iba a pasar veinte años sin escribir una sola línea.

Walser desertó del mundo. Construyó poco a poco una semiótica del fracaso a través de la ausencia, la desintegración, el borrado de la memoria y, finalmente, la muerte. Para Vila-Matas, Walser es un «héroe moral», aquel que pasa a la historia al elegir salirse de ella.

Es tentador idealizar al recluido. Imaginamos a un clarividente enclaustrado en su habitación, pero Walser fue diferente hasta para eso. El escritorio era para él el enemigo de la alegría, un espacio que le recordaba al esclavismo de la oficina. El corazón le pedía caminar, asomarse al mundo. «Con supremo cariño y atención ha de estudiar el que pasea la más pequeña de las cosas vivas, incluso un pobre y desechado trozo de papel de escribir, en el que quizá un escolar ha escrito sus primeras e inconexas letras.»[19]

Durante las visitas, Seelig y Walser caminaban juntos en

19. Robert Walser, *El paseo*, Siruela, Madrid, 2014, trad. de Carlos Fortea.

silencio, y ese silencio los unió. «Tengo muy poco afán social (...), por eso he acabado en este asilo. Me falta un halo. Cualquier aura de martirio, y la escalera del éxito se eleva ante ti.»

La amistad de Seelig y Walser se alargó durante décadas, aunque al final era asimétrica; uno era el cuidador, el otro el enfermo. Sus fechas sagradas de reunión eran los cumpleaños y la Navidad. «Sin pasear estaría muerto.» Y precisamente una mañana de Navidad de 1956 Walser salió solo a caminar, y murió encima de la nieve.

*

María Vela Zanetti: «Lo que diferencia a un hombre de gusto de un hombre elegante es la acción. El primero contempla, recuerda, no se involucra. El que quiere ser elegante a toda costa lo es, a veces a costa de otros y hasta de sí mismo. Su ansiedad, sus pretensiones, su miedo a no ser actual, a no estar, lo convierten en un ser prepotente y débil a la vez.»[20]

Otros peligros al acecho, además del elegante a toda costa: el tiquismiquis, el que desprecia su edad (y la de otros), el fan incondicional que pasa al odio cuando no le haces caso, los que desdeñan los amores imposibles.

*

Mis paseos favoritos han sido de viaje en coche por España, por la tarde, al salir de un restaurante. Igual que en el cine, uno no debe abalanzarse a opinar. Hablar de lo que se ha comido justo después de haberlo comido es una ordinariez. Hay una reticencia enfurruñada a ir enseguida hacia el coche. La

---

20. Entrevista de Paloma Simón a María Vela Zanetti en *El Mundo* por la publicación de *Maneras de no hacer nada,* Trama, Madrid, 2009.

caminata sirve de transición desengrasante entre los sentidos concentrados en la mesa y la percepción fértil del paisaje. Estamos en una ciudad desconocida, avanzamos en silencio por las calles –mejor aún si cuando estábamos dentro del restaurante llovía, y ya ha parado–, entramos en un estado de disponibilidad. En ese momento diríamos sí a todo.

En el nómada hay un desarraigo voluntario, una desobediencia civil. El *rōnin*[21] anda sin saber hacia dónde, puesto que nadie le espera. Igual que el recién divorciado mata el tiempo dando vueltas a la manzana de la lavandería, este caminante atraviesa los lugares como un fantasma, sin implicarse en ellos. En *Breve elogio de la errancia*[22] Akira Mizubayashi habla de esos ciudadanos que reniegan de lo encomendado. Él mismo cambió de nacionalidad, renunciando a la disciplina japonesa en favor del vigor francés. En ese mismo país nació la *flânerie* o callejeo observador, que Balzac definía como «la gastronomía de la mirada». El catalán tiene el verbo *badar:* abstraerse con curiosidad pero sin atención excesiva.

Como actividad contraria al rendimiento económico, el vagabundeo tiene mala fama, pero andar está ligado a nuestra identidad y nos une a los antiguos profetas y peregrinos. Lo interesante del paseo es que uno siempre llega con la función empezada. Es una lección de modestia. Yo conocí Barcelona caminando sin rumbo, ayudada de mi nulo sentido de la orientación. Las Ramblas aún eran un lugar abarrotado y amable.

*

21. Samurái sin amo en el periodo feudal de Japón (1185-1868).

22. Akira Mizubayashi, *Breve elogio de la errancia*, Gallo Nero, Madrid, 2019, trad. de Mercedes Fernández Cuesta.

45

Francisco Calvo Serraller: «Una cosa es valerse de los pinceles, y otra pintar. Ese encuentro con lo pictórico, de producirse, es fatalmente irreversible, una especie de camino de irás-y-no-volverás; vamos: una droga. Se podría describir como el destino de haber descubierto el *espesor* de la mirada, el encuentro de los ojos con la piel de la realidad. El pintor de esta cepa ya no ve solo con sus ojos, sino también con sus manos.»

Camille Corot: *Vaca en el granero*, 1838.
The Metropolitan Museum of Art.

*

Me interesa el tipo de humor que más bajo cotiza en la escala del prestigio: el humor barato, también llamado –sin asomo de piedad– humor malo. El gag insolente y el chiste flojo son la inteligencia puesta al servicio de la nada; un pensamiento fallido que se justifica con su humilde aspiración de entretener.

El humor subterráneo, el surrealista, el negro: todos están blindados por el aval de la aptitud. Pero ¿quién podría reírse de un chiste tonto, sino un tonto? Pues aquí me tienen, con la mano levantada. El humor barato es tenue, inofensivo, desprovisto de ego; el que lo relata sabe que camina al borde del precipicio, y aun así se entrega al oyente. Yo soy la peor contadora de chistes del mundo, pero nunca regateo una sonrisa cuando comparten una historia sin gracia.

Otra cosa es el humor absurdo, esa pluma demasiado llamativa en el sombrero que pasea tranquilamente por el mundo con el placer de la incongruencia, la furia, lo poético sobre lo prosaico. Ese tipo de humorista es alérgico al orden, y sobrevive en un despiste crónico que lo salva de este mundo vulgar.

Me río con los don nadies de Chumy Chúmez, Cesc y Forges; con Flavita Banana; con las aventuras de Peringo, el personaje de Alfonso Tamayo; con los núcleos familiares sospechosos, como la familia Cebolleta o la familia Churumbel,[23] ambas de Manuel Vázquez, o la familia Trapisonda de Ibáñez. El sinsentido como forma de vida. Gómez de la Serna, Jardiel Poncela, Mihura, Millán Salcedo,[24] Summers, el desparpajo culto de Las Bistecs, Faemino y Cansado, el hilar fino de Carles Congost, ese país ideal que es *Muchachada Nui,* el estoicismo de Eugenio... Dislocan la lógica, trocean la realidad y entienden el ingenio como un encumbramiento ético.

---

23. Un producto de su época (años sesenta) que hoy jamás vería la luz. Su entradilla era «La familia Churumbel, que afana sin cuartel». Yo soy el abuelo, un retaco con sombrero cordobés y largos bigotes blancos prusianos.

24. El de los tics de Martes y Trece, un actor fogueado en el teatro, de léxico y gestualidad inconfundibles. Madonna no sabe la suerte que tuvo de ser entrevistada perrunamente por él.

*

Mi ternura favorita es ese apodo del hijo pequeño que le oí decir a una madre: «Mi venenillo.»

*

Para que la sociedad sea posible, decía André Maurois, es imprescindible que la humanidad aprenda a amar. Esto se aprende, sobre todo, por el amor materno. «Gracias a él uno sabe que el mundo no es por completo hostil, que hay seres en quienes puede tenerse una confianza plena. Es una inmensa ventaja moral haber comenzado así la vida. Los optimistas que a pesar de las desgracias conservan hasta el fin su fe fueron, por lo general, educados por una buena madre.»[25]

Es así: las madres son un pequeño milagro. La mía nació en un pueblo minúsculo de Navarra por donde pasa el Camino de Santiago francés. Cuando era pequeña, uno de sus primos se ahogó en el río. Mi abuela, del disgusto, enfermó y murió a los pocos días. Así fue como a los seis años se quedó sin madre.

Como eran varios hermanos —demasiados para que el padre supiera qué hacer con ellos— los repartieron entre varias familias. A mi madre la recogió Desi, una de las mujeres con más dinero de la zona. Hacía un poco de todo, sobre todo ayudaba en la casa. Lo que sobraba de la comida era para el servicio. A mi madre le volvían loca el pollo y los plátanos. Un trozo de plátano era una fiesta.

Tengo muchas lagunas en su biografía. Lo siguiente que sé

25. André Maurois, *Sentiments et coutumes,* Éditions Bernard Grasset, París, 1934. En los años veinte Grasset publicó a *les quatre M:* Maurois, Montherlant, Morand, Mauriac.

es que a los veintipocos emigró a Colonia con ayuda de unas monjas. Trabajó en la Bayer. Era una hormiga. Los navarros son serios, escépticos respecto al placer. Conoció a mi padre en la residencia católica donde vivía, la Teresa-von-Avila-Haus. Cuando se casaron, las monjas les regalaron un cuadro de la Virgen María con el reverso dedicado, que tengo en el cuarto de baño junto a los perfumes.

La boda fue un día muy nevado. Ella llevaba el pelo *garçonne,* se lo cortaba ella misma, y una rebequita blanca de flores encima del vestido. Después de tener a mi hermano mayor volvieron a España y se fueron a vivir a un barrio nada bonito de Terrassa, en una calle entonces sin asfaltar.

Me contó un recuerdo de cuando mis dos hermanos eran muy pequeños. Volvía un día de lluvia cargada con las compras y ellos en brazos; por el peso se le hundían los zapatos en el barro, y se puso a llorar en silencio de pura desesperación. No por el barro, claro, sino por el dónde me he metido. Ella tendría que haber crecido en Navarra con su familia, estudiar, salir y entrar, casarse con un vasco guapo, vivir en la montaña en una casa de piedra con geranios y gallinas. Y estaba allí, en la Terrassa industrial infecta, hundida en su miseria.

Mis padres no contaban conmigo cuando llegué. Siempre he pensado que a los nacidos en la prórroga nos acompañan los golpes de suerte toda la vida. Con cincuenta y pocos, mi madre tuvo un bajón. «Estoy triste, no sé qué me pasa, no me lo quito de encima.» Yo tenía trece años y no le supe explicar —no lo sabía entonces— qué era una crisis vital agravada por las hormonas. Que con química, deporte, cultura, aire libre y amigas se le pasaría. No pude ayudarla. Como la mayoría de adolescentes era egoísta, y estaba a lo mío ligando como una descosida y estudiando mucho.

Pasó esos años resignada y preguntándose, supongo, si aquello era todo. Nunca supe si fue feliz, creo que a épocas sí.

Empecé a cobrar artículos en la *Marie Claire* dirigida por Joana Bonet.[26] ¡El día que vio el primero! Estaba en la cama, era sábado prontísimo, ni se había levantado aún, la fui a despertar como si fuera la mañana de Reyes. El orgullo en su mirada. Quería ahorrar y comprarle todo lo que ella quisiera. Ir a Bel y elegir juntas un pantalón de lana. Me daba mucha rabia que todo se lo tuviera que pedir a mi padre. Las de su generación raramente trabajaban, menos con tres hijos. No se planteaba, punto. Pero no tuve tiempo. A mis veintidós enfermó, a mis veintitrés murió. La imaginé como un gorrión volando de regreso al árbol de delante de la casa donde había nacido. No he ido nunca al cementerio a verla. No hay nada menos ella que un cementerio; sería como ir a comprar pan a una ferretería. Está en mi nariz, en mis manos, y en cada conversación en la que meto alguna palabra suya para que siga resonando su eco.

Dicen que cuando tienes un hijo al fin entiendes a tu madre, pero no me hace falta eso para admirar su hazaña. Crecer sin cariño, emigrar, establecerse sola en una ciudad de idioma endiablado, criar y educar sin ejemplo alguno, sin redes de apoyo, salir adelante con cuatro duros, intentar ser justa y conseguirlo. Veo lo mucho que las mujeres podemos cambiar en solo una generación: la educación, las lecturas, los viajes, las posibilidades. Seguimos sin llegarles a la suela del zapato.

*

Llevar la vida elegante de Max Beerbohm, que Thomas Wolfe describió así: «Vive silencioso en Génova. Ve a poca

---

26. Lo diré claramente: si no saben ustedes nombrar al segundo a las personas que fueron clave en el comienzo de sus carreras, son unos desagradecidos. Las mías son: Marta Capdevila, Joana Bonet, Joseba Elola y Astrid Rousse.

gente, se sienta en la terraza y pinta un poco, lee un poco, pasea un poco, y de vez en cuando escribe un poco. Es vago y se esfuerza en no hacer mucho. A pesar de ello ha realizado cosas hermosas.»

Michio Noguchi: *Saburo Hasegawa e Isamu Noguchi en el templo Shisen-dō de Kyoto*, 1950. The Isamu Noguchi Foundation and Garden Museum.

*

Cuando mi madre enfermó yo estaba viviendo en Madrid. Volví pitando, y a los pocos meses la perdimos. Mi misión a partir de entonces fue vigilar a mi padre. Estaba tan confuso que se dejaba la puerta de la calle abierta. Ni siquiera había llegado a la tristeza aún: todo él era estupor. No podía creer que mi madre no iba a volver.

No pude dejarlo solo. Fui a vivir con él. Marqué un límite de un año para espabilarnos, y busqué un empleo de periodista en Terrassa. De ese tiempo no recuerdo *nada*. No tengo claro con quién salía, qué leía por las noches, qué pensaba. Lo único que he guardado en la memoria es un viaje que hicimos semanas después del entierro. Yo veía que la cosa no iba bien, y como faltaba poco para empezar mi nuevo empleo le dije a mi padre: nos vamos. Ahora. Adonde sea. Un viaje él y yo, porque mis hermanos trabajaban y no podían. Solo contestó: si lo organizas tú, nos vamos.

Compré lo primero que pillé: Túnez. Fuimos en grupo organizado. No es lo mío, pero tiene su encanto. Quien haya viajado con treinta catalanes de mediana edad en un autocar sabrá de qué hablo. *«Jaume, tens tu la funda de la càmera?»* *«Podem posar música, Neus? Una cosa marxosa, va. Poseu el Julio!»* *«Qui arribi tard a dinar, paga!»*[27]

No contamos a nadie nuestras circunstancias. Éramos padre e hija descubriendo mundo. Estábamos despistadísimos, comíamos poco, hablábamos menos, pero nos sentó bien. Fuimos en camello, vimos el mar, me atacó una cabra. Uno de los últimos días cometí una imprudencia. Le di la mochila donde llevábamos todo; documentación, efectivo, los móviles, la cartera. La olvidó en una cafetería. Cuando le pregunté por ella vi la derrota en su cara: el descuido era solo una cosa más de la que sentirse culpable. Avisé volando al conductor. Silencio sepulcral en el vehículo. Volvimos atrás.

Al llegar al lugar, pedí a mi padre que fuera a por la mochila: «Estará allí, no te preocupes.» Me miró, dudando: «Y si no está, ¿qué hacemos?» Sentí en la garganta el nudo de los meses pasados. Bajó del autocar, cruzó la carretera, entró. La encontró intacta. Al salir, la agitó en nuestra dirección como una bandera victoriosa. El autocar estalló en aplausos de alegría. Jaume, Neus, todos. *«A dinar, a dinar!»*[28] Jolgorio gene-

---

27. «Jaume, ¿tienes tú la funda de la cámara?» «¿Podemos poner música, Neus? ¡Algo marchoso, venga! Poned al Julio!» «¡El que llegue tarde a la comida, paga!»

28. «¡A comer! ¡A comer!» Me encantó la vulgaridad primaria de ese momento.

ral. En el asiento, mochila en el regazo, cogí del brazo a mi padre y apoyé la cabeza en su hombro. Al rato le dije: «Ahora no, pero en un tiempo estaremos mejor.» Y precisamente así sucedió.

*

Hay mucho escrito acerca de cómo disimular la edad, pero no tanto sobre cómo hacerse mayor con cordura. Dice Gregorio Luri que viejos los ha habido siempre, pero viejos inútiles solo los hay ahora. Se les permite «ser figuras entrañables, pero no de autoridad». El desprecio al anciano es un fenómeno netamente contemporáneo.

Ese buen envejecer quizá no depende tanto de la edad como del propio carácter. Todo se desgasta, esto es una realidad, pero en la vejez también hay lucidez, plenitud y una libertad ácrata. Sueño con mis ochenta años rodeada de libros, cartas pendientes en el escritorio (¿seguirán existiendo los buzones?), una nevera con queso y fruta, una ventana con horizonte desde donde vea el olivo que compré en 1998, silencio y calles limpias. Desde que cumplí los treinta, mi palabra favorita es *tranquilidad*.

David Greenberger se licenció en Bellas Artes, y mientras buscaba algo de lo suyo entró a trabajar en un asilo de Boston en 1979. «En el momento exacto en que conocí a los residentes abandoné la pintura. Descarté los pinceles, pero no el deseo de capturar el mundo y luego comunicarlo a los demás.»

Greenberger empezó a recopilar y publicar en un fanzine conversaciones con los residentes, no como tesoreros del pasado, sino hablando del presente y de lo nimio. Fuera esa condescendencia de *qué monos los abuelos y sus batallitas*. Cuando uno es mayor deja de existir como individuo. Ya solo forma parte de una mancha informe llamada: los viejos. Greenberger les devuelve su condición de ciudadanos con voz.

«Como sociedad los evitamos mirar de cerca, poniéndolos en un pedestal, lo que corta las vías de comunicación y amistad reales.» Las charlas son de igual a igual: sobre las vacaciones, vestirse para una cita, las peleas con la burocracia, el momento íntimo del afeitado.

Del nombre de la residencia (Duplex Nursing Home) salió el nombre de la publicación, *Duplex Planet,* que sigue activa cuarenta años después. El material es tan bueno que de él se han hecho libros, obras de teatro, exposiciones, cómics y programas de televisión y radio.

*

Les Hénokiens se reúnen una vez al año, siempre en un lugar discretísimo. La asociación nació en 1980, y necesitaron meses y la ayuda de veinticinco embajadas para poner en contacto a sus miembros.

Para formar parte del grupo hay que tener un negocio con una antigüedad mínima de doscientos años, el jefe actual debe ser descendiente del fundador, la familia debe poseer la mayoría de la empresa y (¡ahá!) esta debe tener buena salud financiera. Las cuarenta y ocho familias actuales son europeas y japonesas.

A Les Hénokiens los descubrí mientras leía la historia de Vitale Barberis Canonico, *azienda manifatturiera di tessuti* desde 1663, esto es, quince generaciones. De los enochianos me gustaron tres cosas. La primera, la nota de humor del nombre: Enoch, padre de Matusalén, vivió siglos, sin modo alguno de acabar con él. Así que el Génesis explica su muerte diciendo que *no* hubo muerte: se fue para el cielo vivo, tal cual, como quien va al gestor.

La segunda: se reúnen sin más fin que comer, beber e intercambiar ideas. Se saben en extinción y no aspiran a más.

Entre ellos hay madereros, forjadores, metalúrgicos, azafraneros, viñateros.

La tercera. Es esperanzador que en esos encuentros haya enochianos muy jóvenes que entienden que la eficacia y la experiencia son grandes compañeros.

*

Gilbert and George: «*When we said we were conservative, it was like signing a death certificate in the art world.*» («Cuando dijimos que éramos conservadores, fue como firmar un certificado de defunción del mundo del arte.») Los únicos artistas que han llevado traje a medida seis décadas.

*

El nombre para mi futuro perro –será el tercero– sale de *El quadern gris*.

La familia de Josep Pla tenía un vecino, Gervasi, antiguo dueño de la taberna del pueblo, que también era el encargado autoinvestido de tocar la corneta cuando se ponía el sol, minuto más minuto menos.

Una tarde Gervasi paseaba por el huerto de su casa cuando vio perdido entre las viñas a un perro flaquísimo con cara amistosa. El perro se le acercó, se miraron con buenos ojos, el animal movió la cola.

«*Què vol aquest secretari?*»[29]

Al rústico Gervasi la visión de un ser hambriento y hábil le remitió al arquetipo urbano del secretario de poca monta. Y así se le quedó el nombre.

---

29. «¿Qué quiere este secretario?» *El quadern gris,* entrada del 21 de noviembre de 1918.

Secretari se escapaba durante el día, pero era muy correcto con su dueño al regreso. Como todos los *gossos de pagès,* lo pillaba todo al vuelo. Con el tiempo pasó a ladrar menos y a ser indiferente a las miserias carnales, pero mantuvo el alma mangante. *«En el fons, a tothom agrada que el seu gos sigui una mica lladre. És una prova de vitalitat i intel·ligència canina gairebé tan eficient com per a un home tenir un compte corrent al banc.»*[30]

H. D. Girdwood: *Soldados escoceses en la trinchera,* 1914.
La foto fue tomada en La Gorgue, Calais. British Library /
The National Archives.

*

30. «En el fondo, a todo el mundo le gusta que su perro sea un poco ladrón. Es una prueba de vitalidad e inteligencia canina casi tan eficiente como para un hombre tener una cuenta corriente en el banco.»

Tomi Ungerer entendió perfectamente que los niños necesitan que les hablemos con respeto e inteligencia, sin engañarlos. Pidiéndoles ayuda si es necesario, dándoles responsabilidades, cuidando tanto su fantasía como su sentido práctico. Son críticos y entienden todo lo realmente importante.

Ungerer fue el primer dibujante en publicar un cuento infantil con un niño sentado en la taza, o un padre fumando, o un vecino empinando el codo. Rechazaba entrevistas porque decía que los periodistas no entendían nada, y calificaba a las galerías de «timadoras».

Tuvo la gran suerte de cruzarse con Daniel Keel, dueño de la editorial suiza Diogenes. A veces no basta con que un autor sea brillante; también necesita a alguien funcional, conectado al mundo, que le diga: adelante, no estás loco.

*

Tengo un conflicto interno con lo hippie. Sobre el papel sus prioridades parecen sensatas: comunión con la naturaleza, búsqueda espiritual, importancia de la comunidad... Todo esto suena bien. ¿Cómo pasamos de eso al *raver* cerveza de litro en mano vestido de quechua en medio de un descampado con lavadoras rotas? O peor: al bohemio con casa de tres millones en Deià.

Los que más me desconciertan son los hippies de aquí. David Bestué y Andrea Valdés los llaman *cumba-daddies:* «Dejarse greñas y hacerse el loco-cuerdo, con estética de lampista. Albert Pla, Pau Riba, Víctor Nubla, el Sisa joven, que etiquetó ese estado de ánimo: ser galáctico. Enric Casasses, Pascal Comelade o Perejaume articulan lo ultramoderno con lo ultralocal.»

En Barcelona, el hippie joven se mueve por Gràcia, viste Harringtons y en verano *espardenyes,* sueña con una *colla* como la de Lydia Lunch, va a encuentros de *spoken word* sospechoso, lee con fruición sobre dadá, situacionismo, psicogeografía. Su muso es el poeta Miquel Bauçà, un excéntrico que fue afilando con los años su desprecio al mundo. Su libro cumbre, *El Canvi,* es magnífico y agotador. Bauçà abomina de todo lo que cualquier ser sensato detesta: las abreviaciones, colocar las cosas en un lugar donde todos chocan con ellas, el horror de la sobreabundancia, los halagos, la repugnancia hacia quienes dicen comprender el presente, el sentimentalismo como forma de control... Y dejó en la mesa una gran propuesta: cargarse el aeropuerto de El Prat y en su lugar construir una gran pirámide rodeada de alcachoferas.

Russell Lee: *Delante del banco en Walla Walla, Washington*, 1941.
The New York Public Library.

*

Una de las elegancias más difíciles de aprender es la de venderse a uno mismo. Yo sería la peor maestra del mundo, porque odio publicitar cualquier cosa. Pero es así: *vendiéndonos* bien (sin sumisiones ni trampas) trabajamos en favor de nuestros semejantes; los que son del mismo pueblo, la misma edad, los mismos orígenes. Mandamos un mensaje: yo pude, tú podrás.

Los lugares adonde llegaremos ya se nos están preparando. El destino mueve sus engranajes, guiado por nuestro trabajo, nuestra urbanidad, el valor de nuestra palabra (no la que escribimos, la que damos), nuestra coherencia en el trato.

Martin Margiela quería trabajar con Jean-Paul Gaultier, y Gaultier fue el primer sorprendido: había visto su trabajo y lo creía preparado para salir al mundo con su propia marca. Pero Margiela insistió. Le visitó, le escribió, renunció a otras ofertas. Esperó. Limpió de impaciencia su deseo, porque esa es la primera norma de la solicitud elegante: no ser ansioso.

La editora y escritora Toni Morrison aupó desde Random House a Gayl Jones, Toni Cade Bambara, Henry Dumas, Wole Soyinka o Angela Davis, y organizó una bibliografía para que en las universidades dieran espacio a los Black Studies y a la conversación poscolonial. Animaba a las autoras a ensayar su tono de voz, su modo de presentarse, y a convenir sueldos y adelantos. «Cuando yo iba a pedir un aumento me ofrecían una miseria, y aprendí a pactar. "No, la oferta es muy baja. Usted es el jefe, y sabe lo que quiere. Yo también sé lo que quiero. Mi trabajo es un negocio, no soy una chica jugando a ser escritora."»[31] Segunda norma del buen postularse: hablar sin miedo.

El fabuloso y despiadado A. J. Liebling escribía tan bien de gastronomía (no hay más que verle el cuerpazo) como de boxeo. Detestaba la escritura desde la comodidad del escritorio: «Lo único en lo que piensan los periodistas es en volver a casa con su mujer y sus niños, en lugar de andar por los bares empapándose de información.» Recién llegado a Nueva York

---

31. Hilton Als, «Toni Morrison and the ghosts in the house», *The New Yorker,* 19 de octubre de 2003.

y sin trabajo pagó tres días a un hombre anuncio –esos que llevan un cartel-sándwich encima– para que se paseara delante del edificio del *New York World* de Joseph Pulitzer. En el cartel ponía: «Contratad a Joe Liebling». Tercera norma de la candidatura exitosa: ser un poco sinvergüenza.

*

Un libro para regalar a un niño: *Els ocells amics,* de Josep Maria de Sagarra. El texto nació en 1922 como un encargo de la Mancomunitat para las escuelas, pero trascendió a su misión educativa. Es una carta de amor a los pájaros, y habla más de su carisma que de sus hábitos.

Sagarra, uno de los primeros socios de la SEO, heredó ese afecto de su madre Filomena y su hermano Ignasi, y con siete años ya clasificaba, dibujaba, memorizaba y disecaba (las sensibilidades de hoy son otras, sí).

Sus descripciones del albatros, la golondrina o el agateador no son solo simpatiquísimas, sino agradecidas. A cada pájaro que menciona parece ponerle una pequeña medalla en el pecho por su talento, su afán trabajador y su discreción. «Para un pájaro, vivir significa moverse. Son activos, diligentes, ligeros. En su vida familiar hay orden, crianza, amor y respeto, ahorro, una buena cantidad de perlas morales. Ni uno de ellos tiene la tara de la pereza. Sus empresas, desde el punto de vista de los pocos elementos con que cuentan, son mucho mayores que las empresas de los hombres.»

En el campo y en la ciudad, algunas aves han pasado a ser enemigas: los estorninos, mis héroes los vencejos, las palomas, las gaviotas, las cotorras. Se supone que estorban, son ruidosas, dañan cosechas y ensucian. ¡Ensucian...! Nosotros los hombres no, Dios nos libre. Nosotros mejoramos todo lugar por donde pasamos.

Sagarra escogió ese título para el libro porque obedecía a «una verdad íntima. Los pájaros han sido grandes amigos. Extraños y esquivos amigos, pero de una calidad más aguda y persistente que los otros, los que llevan corbata y hablan tanto».

*

Mientras los humanos nos afanamos toda la vida en conseguir mejoras y sofisticaciones, el animal nace completo y no se necesita más que a sí mismo. Son el ejemplo perfecto de elegancia y gracia instintivas. Octave Mirbeau: «Si los animales no progresan es porque ya han llegado a la perfección, mientras que el hombre destruye y reconstruye sin llegar nunca al final de su deseo.»

Occidente se ha acercado a los animales con perplejidad, desprecio, aburrimiento o mero interés por el rédito a obtener. Se ha hecho un trabajo tenaz de antropocentrismo donde el hombre, para encumbrar su propia naturaleza y presentarla como más atractiva, ha forzado una dicotomía con lo animal.[32]

Hasta el siglo XVII animales y hombres fueron compañeros. Cuando la filosofía separó cuerpo y espíritu, los animales pasaron a ser criaturas sin alma: un mero modelo mecánico, sin personalidad ni secretos. ¿En qué momento se nos ocurrió hacer caso a Descartes en lugar de a Pitágoras?

Las ciudades crecen, el campo se achica y los animales van quedando marginados. Hoy son tratados como máquinas útiles, materia prima. Los zoológicos se construyeron a la vez que

---

32. Hay un documental maravilloso de 1976 (*La Fête sauvage*, Frédéric Rossif) que muestra a los animales como actores privilegiados, como dioses aparecidos de entre sueños, los primeros que llegaron a la fiesta de la noche de los tiempos.

los animales desaparecieron de la vida cotidiana. «Esos zoológicos son, en realidad, monumentos a la imposibilidad del encuentro. Constituyen el epitafio a una relación tan antigua como el hombre.»[33] La visita raramente sale bien. El animal se muestra aburrido, letárgico, cuando no ausente. «El visitante pasa de una jaula a otra de un modo no muy diferente de como se hace en una galería de arte. Los ojos del animal miran sin ver más allá de los barrotes. Están inmunizados contra el encuentro.»

Por mi infancia pasaron toda clase de *bestioles*. Sin llegar a ser los Durrell, disfrutamos mucho del caos de una casa llena de pelos, plumas y voces diferentes. Solo faltaron gatos; quisimos proteger a las aves y a los roedores. Un niño que crece junto a animales sabe que *sí* se expresan (Dios mío, pero si no callan), solo hay que aprender a entenderlos.

Así como es fácil intuir la relación entre dos amigos (basta sentarse con ellos en un café un rato y observar), nadie sabe nada del vínculo entre un animal y un humano, solo ellos dos. Es un pequeño milagro que muchas veces nos trae el azar.

El animal nos devuelve la mirada y su franqueza nos desarma, por eso se ocultan bajo siete llaves las atrocidades cometidas contra ellos. Nunca subestimen el poder de la negación. Mire, yo quiero ir al súper y coger mi pechuga de pollo en bandejita, déjeme vivir, yo soy buena persona, yo doy por Navidad.

Hace unas semanas estábamos una tarde en el jardín de una masía. Frío de otoño y silencio de campo. Hablábamos de nuestras cosas. Un gato blanco y negro salido de la nada vino a saludarnos, cariñosísimo y festivo. Me conmovió tanto su afecto como su naturalidad al entregarlo, con un encanto que

---

33. Esta cita y la siguiente forman parte del imprescindible *Mirar,* de John Berger, Gustavo Gili, Barcelona, 2001, trad. de Pilar Vázquez.

un humano no podría igualar. Sentí la fascinación ancestral que el hombre siente por lo animal, y se me ocurrió que si los exterminamos es, además de por ignorancia salvaje, por algo de envidia.

Si conviven con un perro habrán pasado largos ratos observándolo mientras descansa a su lado. La respiración suave, el suspiro ocasional, la mirada tan expresiva y a ratos cuentista. En sus ojos de filósofo hay una actitud complaciente y adaptable. A mí todo me viene bien, parecen decir. Yo estoy a lo que tú estés.

Esa existencia sencilla y centrada en lo esencial (amor, comida, compañía, diversión) no conoce el estatus, la ansiedad por el éxito, el temor al descrédito. Cada animal es una ocasión perfecta para curarnos de tonterías. El animal nos redime y nos invita a apreciar lo que uno es, sin más mareos.

II. OBJETOS

Me gustan mucho los objetos. Soy una cosista declarada. Algunas piezas en las que invertí ahorros sé que me sobrevivirán. No tengo hijos, y puede que acaben en manos desaprensivas. Solo puedo asegurarles un buen trato en mi recorrido junto a ellas.

Con cada encuentro con algo que nos fascina sale a flote un rasgo de nuestro carácter. Los objetos activan nuestra conciencia. Son, dice Remo Bodei, «nudos de relaciones con la vida de los demás, círculos de continuidad entre generaciones, puentes que conectan historias individuales y colectivas». A nuestra mirada judeocristiana puede sonarle un poco ridículo, pero creo que tienen conciencia y están *vivos*.

Para el biólogo Kinji Imanishi, un elemento se muestra más natural cuanto más reconoce su entorno. En esas asépticas casas de revista, decoradas para la foto, cada objeto lucha por ser el protagonista. En casa de nuestros abuelos es raro que un mueble parezca fuera de lugar, forzado. La mecedora, el cojín o el taburete llevan tantos años adaptándose a esa realidad colindante que han creado un camuflaje afín con el ambiente. No hay competencia, sino coexistencia.

Algunos objetos que nos gustaban caen por algún misterio

en desgracia. Otros se pierden. De otros nos separan, con el consiguiente trauma (Pessoa: «Abandonar nos conmociona»). Me entristece despedirme de las casas donde he pasado veranos.

Netsuke de ardilla en marfil, periodo Edo, circa 1780.
The Metropolitan Museum of Art.

*

Existe una jerarquía del utensilio.

En el rango más bajo está el cachivache, arrinconado más por viejo que por inútil. Hay lugares que son puro cachivache, como el parque de atracciones del Monte Igueldo, el lugar con más encanto de la península.

Tras el cachivache viene el trasto, familiar y un poco golfo. El chisme es pequeño y ratonil. Sigue el cacharro, manejable y voluntarioso; las cocinas están llenas de ellos.

Luego aparecen el mecanismo, el aparejo, el accesorio, que se creen muy importantes pero no siempre caen bien. En lo alto del escalafón estaría el juguete, con su aura sagrada; la herramienta, que es el juguete del adulto, y la máquina, un monumento a la perspicacia humana.

Corona la pirámide el mal llamado (pero para que me entiendan) objeto de diseño, que es uno y trino: útil cuando está en uso, bello en reposo y con pedigrí.

*

Los cosistas[34] buscamos coalición. Buscamos otros raros en quien fijarnos. Así llegué al trabajo de Miguel Milá.

Más que como diseñador preindustrial, Milá se define como inventor y *bricoleur*. Ama los objetos: las sillas, las lámparas, las cajas, los percheros. Le gusta adaptarlos, enderezarlos, desmontarlos y darles una vida larguísima. Ese apego es algo que no se puede forzar; uno nace con ello o no.

En 2017 lo conocí al fin en persona. Se presentó en la Fundació Miró el documental sobre su trabajo realizado por Poldo Pomés y Marta Feduchi con Santa & Cole. Luego hubo otra proyección en Il Giardinetto, a la que fui yo. Iba muy bien vestido con sus panas y sus lanas y sus zapatos de ante. A su lado estaba su esposa Cuqui, que, como suele suceder, tiene al menos la mitad del mérito de su carrera.

En el documental –también en su libro–[35] Milá habla de cuidar lo cotidiano, porque es lo que tenemos más cerca. Su espíritu práctico le impide cualquier ensimismamiento artístico; le interesa más lo tangible y eficaz.

34. El adjetivo se lo leí a Andrés Trapiello. Algunos cosistas célebres: Frederic Marès, el marqués de Cerralbo, Gómez de la Serna, Georges Perec, Gustave Moreau, Bestué-Vives, Aby Warburg (con su *Atlas Mnemosyne)* y su heredera natural Batia Suter (con las *Parallel Encyclopedies),* Christian Boltanski, Daniel Rozensztroch, Guillaume Bijl, Erik Kessels, Miju Lee, Felix Gonzalez-Torres, Fischli & Weiss...

35. Todas las citas de este capítulo son de Miguel Milá, *Lo esencial. El diseño y otras cosas de la vida,* Lumen, Barcelona, 2019, con edición y epílogo de Anatxu Zabalbeascoa.

Admiramos a alguien cuando su trabajo nos parece interesante, pero la admiración se vuelve estima cuando la vida de esa persona es coherente con lo que predica. No tendría mucho sentido que Milá diseñase limpio, discreto y sencillo, y luego viviese en un palacio churrigueresco con un tigre de mascota en el jardín.

Hoy recoge la siembra de una vida dedicada al diseño «familiar y de estar por casa». No todas las décadas tuvo la misma popularidad. Les pasa a muchos autores sólidos. Primero sorprenden, enseguida *aburren* («¿Esto no es otra vez la misma idea, Milá?»), pasan al olvido de cierta crítica caprichosa y solo son rescatados –años más tarde– cuando otros más inteligentes y sensibles que aquellos analistas cínicos devuelven a la persona al lugar que merece. Entonces los mediocres reaparecen: «Ah sí, sí, yo ya hablé de él, ¿eh? Yo hablé primero.»

Para aguantar esa travesía del desierto hay que tener un espíritu persistente, un entorno familiar cómplice, amigos cabales, el pleno convencimiento de que lo que uno hace es sincero. No diré que los de mi edad lo han reivindicado, porque él siempre estuvo en el ajo. Existe un narcisismo generacional que cree que rescata nombres, pero estos autores emancipados no necesitan a nadie. Su trabajo es su aval, viven felices lejos de la mundanal escena, resisten centradísimos en lo suyo.

Para Milá, comprar bien es cuestión de información, cultura y ética. El mejor diseño acompaña y no molesta. Diseñar es «ordenar y poner al otro por delante de tu ego». No hace falta cambiar nada que funcione: *cambio* ha de equivaler siempre a *mejora*. «No soy revolucionario, sino evolucionario.» El envejecimiento ennoblece algunos materiales, como la madera, y también a algunas personas. Envejecer bien es potenciar nuestros valores.

Y quizá su enseñanza más importante: uno no debe forzarse a nada que no sienta como propio. Siendo tú mismo puedes pasar de moda o perder encargos, pero siendo otro no sabes dónde te metes. «Y te quedas sin tu fuerza principal: lo que tú sientes, sabes y eres.»

De aquel encuentro en Il Giardinetto recuerdo sobre todo dos frases. Una que le gusta mucho del torero Rafael Guerra, *Guerrita:* «¿Qué es lo clásico? Aquello que no se puede mejorar.» La otra: «Hay que educarse para documentar nuestra intuición.»

Tras el pase del documental vino el turno de preguntas. En sus ojos vivos vi al crío que quiso sacarse una paga haciendo encargos para sus hermanos, así que creó una *empresa* para ello y la llamó Tramo (de Trabajos Molestos).

Levanté la mano para decir alguna tontería —para meterme con Ikea, concretamente—, y sentí el corazón rápido y las mejillas ardiendo, como si estuviera otra vez en la escuela. Expresé mi respeto por su trabajo. No me importó hacer un poco el ridículo, llevada por el entusiasmo y los nervios. Yo temblaba como un perrillo. Hacer un poco el ridículo es pagar un precio bajísimo por vivir la emoción libremente.

*

Tener en casa algo que es nuestro, pero que en realidad pertenece ya a otra persona: a un amigo. Una taza de café, una camiseta vieja para dormir, una manta. Son suyos y solo suyos. Esa exclusividad del objeto encarna nuestra lealtad hacia él.

En la finca Charleston de Sussex, uno de los epicentros del grupo de Bloomsbury, Vanessa Bell y Duncan Grant tenían dormitorios para los invitados que vivían temporadas allí —Virginia Woolf, Lytton Strachey, Roger Fry, E. M. Forster—, pero solo John Maynard Keynes tenía su propia habitación.

*

De Japón me impresionó su consideración por los objetos. Objetos hechos con un compromiso absoluto, sordos a cualquier distracción, creados sin necesidad de volcar el ego en ellos. Objetos nacidos de un estado de trance, y a veces de furia: por qué me habrá elegido a mí este oficio, quién me mandaba.

Después de dos siglos de aislamiento feudal, a finales del XIX Japón volvió a abrirse al mundo. Intuyendo toda la sabiduría intangible que se perdería, un grupo de personas iniciaron un movimiento reivindicativo de la artesanía popular. Soetsu Yanagi era el cabecilla. A ese estudio del objeto anónimo lo llamaron *mingei*, y tuvo como misión proteger del olvido los enseres cotidianos, aquellos que podían encontrarse en la casa de cualquier japonés.[36]

El objeto *mingei* no es críptico ni exclusivo: todo el mundo entiende cómo usarlo, cualquiera puede comprarlo. No nace para proporcionar placer intelectual o estético, aunque la pátina del tiempo le proporcione este último. El *mingei* es, ante todo, honesto. Cumple lo que promete. En el otro extremo estaría el objeto industrial inútil, nacido del afán consumista. De esto sabemos bastante aquí. En España existe un auténtico culto a la acumulación de chorradas, algo lógico en un país que ha conocido la miseria. La apertura de las primeras tiendas «todo a cien» fue nuestro gran salto adelante hacia esa desconocida: la abundancia. De tener poco y malo pasamos a tener mucho y malo. Mi abuela convirtió su hogar en un museo *horror vacui* de la figurita sospechosa. Mi tía heredó la manía. No tiene rincón sin su adorno. En comparación, la casa de John Soane es la celda de un cartujo.

La santa trinidad del *mingei* es el material, la técnica y el

---

36. Su biblia es *La belleza del objeto cotidiano*, de Soetsu Yanagi, Gustavo Gili, Barcelona, 2020, trad. de Álvaro Marcos Lantero. Todas las citas de este apartado son del libro.

detalle. La utilidad siempre por delante de la apariencia. Un objeto se adentra más en nuestra vida cotidiana íntima cuanto más cómodo, directo y fiable es. El pomo de la puerta que tiene nuestro tacto, el viejo destornillador, una olla de barro que ha visto muchas navidades. Han trascendido su condición inerte, y ahora son compañeros leales.

Precisamente por su humilde destino casero se ha creído erróneamente que el utensilio común puede estar hecho de cualquier manera. «Una sombra se cierne sobre nuestra sensibilidad estética. (...) Los utensilios cotidianos se han vuelto muy feos. Pasamos nuestros días rodeados de estos objetos carentes de belleza. En el pasado eran tratados con un cuidado derivado de la calidad que acompañaba su factura.» La falsificación frívola, el ornamento caprichoso, la moda efímera, «esos objetos son muestras de un empobrecimiento espiritual rayano en la corrupción moral».

Una herramienta ingeniosa es el compendio perfecto del talento de muchas generaciones que dedicaron su ingenio a crear un objeto digno de entrar en nuestra vida. Cuando elegimos con cuidado y compramos bien, honramos nuestra cultura e historia. «Hay quienes quieren dejar atrás las artesanías manuales como una cosa del pasado. Para mí, no importa si un objeto es nuevo o viejo, sino si se trata de un producto honesto.»

*

Un último apunte sobre Japón. Una de sus palabras sin traducción clara: *shokunin*. «Artesano» se queda corto. «Maestro» suena pomposo. En el Japón rural, el *shokunin* es un recolector veraniego; luego, en invierno crea objetos con esos elementos cosechados. El *shokunin* de ciudad tiene un taller, que es su mundo hecho a medida.

¿Qué diferencia al *shokunin* de un artesano? La devoción

hacia la materia prima. La ve como una bendición que recibe, un regalo de la tierra. Pasa toda la vida familiarizándose con la arcilla, la madera, lo que elija. Establece con la naturaleza una relación obediente. Con cada objeto empieza de cero. Mientras le da forma, sabe replegarse y leer las señales. Es, como diría Pla, un apasionado en frío.

En Kioto pude ver en acción la elegancia involuntaria de estos especialistas. Mi preferido era un señor delgado con gorra que hacía tatamis en su taller, con una furgonetilla *pick-up* minúscula aparcada en la puerta. Dentro de ella tenía tres pedidos listos para repartir. Sus movimientos repetitivos y meditativos, hechos millones de veces, lo conectaban de forma íntima con el elemento, en su caso la caña.

En cada nueva pasada los *shokunin* ponen otra fina capa sobre el trabajo de sus predecesores. Hablan siempre en primera persona del plural: se reconocen como el eslabón de una cadena. Buscan, ante todo, ser útiles. Comparten y transmiten sus conocimientos. Sus sucesores seguirán mejorando la técnica.

Su orgullo no es que la pieza final lleve su firma. El objetivo es que su trabajo deje en buen lugar a su región y a su oficio.

*

Rudolf Steiner: «Las manos traen el brillo del cielo a la tierra.»

*

Es más fácil florecer si uno se rodea de personas brillantes e inflexibles, personas con las que no hay más remedio que intentar igualar su ritmo. El listón baja solo, sin darse uno cuenta, como los calcetines malos. Cada pocas semanas hay que revisar el propio trabajo con un látigo.

Cecil Beaton: *Jóvenes en un río de Bengala*, 1944.
Imperial War Museums, Second World War
Official Collection.

*

Esta no va a ser mi opinión más popular, pero me parece elegante el dinero en efectivo. No es higiénico, favorece la economía sumergida y los trapicheos, está demodé, pero no puedo evitarlo. Me fascina el diseño de los billetes, su tacto cuando ya llevan tiempo dando vueltas, su poder alegórico: a cambio de un papel obtengo un deseo.

Hace muchos años viajé por este continente del modo más europeo posible: en tren, con monedas diferentes en cada frontera. La torpeza y el ensimismamiento al calcular el cambio eran recibidos con paciencia por la otra parte contratante. Al volver a casa, una moneda descarriada aparece en la cartera, como una semilla que brota lejos de casa. La apartas para no confundirla, y por su dibujo en el reverso –un cangrejo islandés, un águila alemana, un arpa irlandesa– intuyes que una moneda es un medio de comunicación portátil, un telegrama que encapsula la identidad de un país.

No me gustan los billetes nuevos recién salidos del cajero. Me parecen más corruptos que los gastados. Echo de menos el jornal en un sobre. Solo lo viví una vez, con diecinueve años, y nunca me he sentido más rica. Un amigo lo resumió mejor. Habíamos quedado, y se presentó limpísimo y radiante. Algo pasaba. Le pregunté si se había enamorado. «Mejor. Me han pagado una cosa y llevo un fajo de billetes en el bolsillo.» Incluso caminaba diferente.

El hecho de que a los alemanes[37] y a los japoneses también les guste pagar con dinero *de verdad* me reafirma en mi idea. Los privilegiados como la reina de Inglaterra quizá viven felices sin tocar el vil metal (siempre imagino a sus corgis con un monederito de piel al cuello), pero los que hemos ganado cada duro a pulso disfrutamos la vulgaridad de ir con efectivo por la vida. A pesar de lo práctico de pagar con el móvil, nada es tan elocuente como dejar un billete de propina para que nos guarden la mesa de siempre. Yo seguiré llevando siempre algo encima, ni que sea para fastidiar al *big data*.

*

Pienso a menudo sobre el modo en que nuestra familia nos educa en las finanzas. Los míos no sabían mucho de economía, así que me enseñaron solo lo básico: sé prudente, recuerda de dónde vienes, gasta siempre menos de lo que ingreses.

37. Los alemanes, como yo, también prefieren usar tarjetas de débito en vez de las liantas tarjetas de crédito. En alemán, la palabra deuda *(Schuld)* también significa culpa.

Algo que dijo mi padre: «Da igual tener más o menos: lo importante es no ser un miserable.» El miserable –a diferencia del tacaño, que sufre en solitario– entorpece y amarga la vida a los demás por dos duros. Le duele el imprevisto. Agota e incomoda a todos dividiendo la cuenta según si has pedido postre o un whisky. En las vacaciones dice que «no hace falta» entrar en esa tienda a chafardear, *olvida* los cumpleaños, lía una cola en la caja del supermercado por un vale de descuento de diez céntimos. No sabe disfrutar, que es la mayor maldición. En el otro extremo está la elegancia involuntaria del *potlatch* de los aborígenes de la Costa Oeste, un intercambio creciente de regalos donde cada vez se da al prójimo algo más grande y mejor, incluso hasta el punto de ebriedad festiva de destrozar las propias riquezas, como diciendo: me importa un pito y tengo muchas más. Podría parecer barbarie, pero a mí me parece el culmen de lo civilizado: destruyo lo material que se interpone en nuestro diálogo.

Nuestra relación con los regalos dice mucho de nosotros. Aceptarlos con alegría, abrirlos únicamente a solas, sentir que queda uno en deuda, sospechar, emocionarse, sorprenderse. Nunca negocié nada material ni recibí obsequios por sacar buenas notas. Me parecía bien: no tenía más deber que estudiar. Por lo demás, fui una adolescente mimada. Si el regalo –dice Bourdieu– es un acto de comunicación, con su generosidad mis padres suplían un cierto mutismo afectivo. Yo también era muy reservada; mi contra-regalo era no dar problemas y no desbarrar.

Hay transacciones con más valor que otras. Si le compro un vestido a Gabriela Coll o una joya a Teresa Estapé, quedo ligada a su memoria, y ellas a la mía. Lo que cambia de mano en este caso no es un regalo, pero tampoco una mercancía. Empieza un vínculo.

Acerca de invitar o no invitar: no es cuestión de feminismo ni patriarcado ni dinámicas de poder ni tradición ni nada. Hay que invitar por decencia, por amistad y por respeto. Y si el otro nunca saca la cartera: se jode uno, pero ni mu. Y si el otro insiste mucho, mucho, mucho en pagar: a la próxima sin falta nosotros y en un lugar todavía mejor, en una loca escalada hasta la insolvencia.

Cecil Beaton: *La princesa Durru Shehvar Durdana Begum Sahiba*, circa 1940. Imperial War Museums, Second World War Official Collection.

*

En la biblioteca de mi padre, interesado en historia, había una pequeña sección dedicada a la Segunda Guerra Mundial. Apenas había aprendido a leer, pero me dejaban curiosear los libros con total libertad.

Esa casa de mi infancia tenía un papel de estraza a modo de mantel en la mesa del comedor, para poder dibujar. Mi madre andaba por la cocina y yo procedía en completo silencio (nota mental: jamás confiar en un niño en completo silencio) cuando llegó mi hermano de entreno y encontró el papel de estraza lleno de esvásticas temblorosas, mal hechas, disparadas hacia todas las direcciones, como las que grafitean en las paredes los *boneheads*. Mi hermano se aterrorizó, luego se echó a reír, plegó muy rápido el papel y me dijo: esto hay que eliminarlo.

Imaginen mi desconcierto. Pero, por qué, preguntaba yo. Si pintaba tortugas, camellos, árboles, niños de perfil, por qué no podía dibujar eso que salía en aquellos libros de la biblioteca. Es algo malo, me dijo mi hermano. Lección: lo perverso tiene un imán invisible.

Cuento esto para que no resulte sospechosa mi fascinación por el zepelín *Hindenburg*, «*tearfully beautiful*». No es –cielos– ningún fetichismo nazi: simplemente amo los dirigibles y sus desventuras, y el *Hindenburg* fue el más grande (245 metros), y el de final más mediático.

Me sorprende la fe en la ciencia que requiere subir a un aerostato enorme de algodón plastificado repleto de hidrógeno y pedir tranquilamente un Old Fashioned, en lugar de rezar de rodillas por la propia alma. ¡Y con sala de fumadores! ¡Justo al ladito del gas inflamable! No me digan que no es maravilloso.

El interiorista estuvo fino en un detalle: en lugar de dar espacio a las cabinas, donde solo se dormía, creó grandes espacios comunes donde socializar y leer, con *lounges* de un estilo entre chinesco, dentista de Nantucket y *Titanic* cutrelux. El caso es que el *Hindenburg* tuvo una corta y accidentada vida (fue *expropiado* por Goebbels) y deja para la historia la frase del periodista Herb Morris, que cubría en directo su llegada a New Jersey y vio arder el dirigible con los pasajeros dentro: «*Oh, the humanity!*»

*

Algunas notas sobre la indumentaria.

Afirmar que si vas vestido con corrección se te abren las puertas es impopular, pero es cierto, y hay que aprovecharlo a nuestro favor. La ropa es un efecto multiplicador de lo que somos; si alguien es educadísimo, bondadoso e inteligente y encima viste bien, imaginen la potencia del resultado. Todo lo primero es lo crucial, pero lo último es la capa de barniz. Las apariencias seguirán siendo decisivas, y obligan a estar a la altura. Aquí entraría el manoseado debate de qué es ir bien vestido. Para mí se resume en: ir limpio y preparado para tu desempeño. La propiedad va unida a los límites, que son líneas imaginarias sanísimas que todos necesitamos aprender (cuanto antes mejor) para no hacer el ridículo y prosperar en la vida. La pulcritud y la compostura no tienen ideología, ni van ligadas a la renta ni al apellido ni al cargo.

Ahorra mucho tiempo vestir con restricciones y tener un uniforme identificativo.

Vestirse en soledad, sin imponer a nadie la visión horripilante de las piernas con calcetines.

Esa edad en la que nos damos cuenta de que tenemos el mismo cuerpo que nuestros padres.

Es atractivo un punto de torpeza en el atuendo.

Nadie ha llevado mejor la pajarita que Winston Churchill; los demás parecemos Pee-wee Herman esperando a una cita con un ramo en la mano.

Ser extravagante pero no ostentoso. Esto último significa que la gente sabe exactamente dónde se ha comprado y cuánto se ha pagado por ello.

Las personas que visten con gracia cuentan con tres certidumbres: la confianza en la mezcla dispar, la confianza en que lo que llevan les sienta bien y la confianza en anteponer el propio juicio al de los demás.

El estilo es lo que repetimos a nuestro pesar.

Nuestros padres creían (y hacían bien) que la ropa remendada y las camisas gastadas eran síntoma de honestidad.

La bata azul de taller es la navaja suiza de la vestimenta informal.

G. Bruce Boyer: «Hay dos modos de no equivocarse nunca: vestir acorde a tu edad y buscar la calidad. La calidad envejece bien; lo mediocre no tiene buen aspecto ni siquiera nuevo.»

Otra perla de Boyer: «La precisión en el vestir es el refugio neurótico de los eternamente inseguros.»

Una cosa es el cuerpo y otra el porte. El primero lo da la genética, que es muy puñetera. La presencia, por el contrario, es enteramente mérito de uno, y se pule con esfuerzo. No tiene nada que ver con ser un figurín. Todos conocemos a gordos elegantísimos, contrahechos magníficos, físicos peliagudos que florecen a través de una personalidad fuerte. La guapura de la juventud dura media hora, y luego queda lo que hay.

Para los norteamericanos, la gorra es más un gesto que un accesorio.

Camisa de manga larga siempre, también en verano. Fallecer asado pero elegante. Arremangarse como una coquetería y un modo de dar protagonismo a ese tesoro que son las manos. Una forma de decirle al mundo: estoy absorto en lo mío. No llevo pulseras ni reloj, pero me gusta mostrar las muñecas. Son tan intrigantes como las clavículas.

Con el tiempo, el tipo de prendas que odiábamos de niños acaba siendo nuestro preferido.

La idea de que la ropa debe ser sexy me suena tan antigua como la piedra de molino.

En Savile Row consideran un fracaso que un cliente sea halagado por su traje nuevo; nada más cursi que algo reluciente. Lo gastado es siempre más interesante.

Cuidar el uniforme con devoción es otro modo de consagrarse al propio oficio.

El delantal es mi insignia laboral preferida. Gastado, amoldado a nuestro cuerpo, presumido y tosco a la vez. Lo ceñimos a la cintura y nos convertimos en otro más mañoso. El delantal es el hermano pequeño del mantel, y es llevar encima la alegría de ir poniendo la mesa.

La chaqueta de punto o rebequilla es el equivalente textil de la sopa receta de la familia que reconforta y lleva de todo y se cocina a ojo. Las manos de la madre en nuestros hombros, el llévate por si refresca, el yo te echo un ojo desde aquí. La visten mis personas preferidas del universo: las merceras, los quiosqueros, los abuelos, Miuccia Prada, los norteños (gallegos, asturianos, vascos, etc.), los pescadores, los sindicados *old school,* los mods, las madres recién paridas, las tías solteras con peinados siempre interesantes, los *encarregats,* los escolares, los profesores de historia...

El apego a nuestro abrigo azul marino largo, sobrio y envolvente, con unos bolsillos grandes donde quepan las llaves, la cartera y un *blanche* de Gallimard.

Vestir una camisa blanca recién planchada remite al placer de entrar en la cama con las sábanas limpias aún rígidas.

*

Ser elegante no tiene tanto que ver con el contenido del armario como con la sensatez, la buena educación y una mirada generosa al mundo. Se puede uno divertir con la ropa, sin llegar a la sobreactuación. La moda, dice Simmel, siempre debe detenerse en la periferia de la personalidad.

La diferencia entre la moda tramposa y la moda honesta es que la primera intenta convertirte en un personaje —emprendedor de Silicon Valley, surfista, ejecutivo—, mientras que la moda honesta simplemente celebra lo que eres.

Vestir bien se asocia al interés que le ponemos a las cosas. Alguien con prendas bonitas y una actitud apática no tiene encanto alguno. Vestimos bien cuando aportamos, cuando lo que llevamos puesto habla de nuestros valores. Vestimos bien cuando estamos afinados con nosotros mismos: nuestras flaquezas, nuestros aciertos, nuestras singularidades.

La relación ideal con la ropa pasa por comprar con inteligencia, prudencia y sordera congénita ante la tontería, y luego vestirse, olvidar lo que uno lleva y estar por lo importante. Si el guardarropa es como ha de ser todo va con todo, no hay nada fuera de tono, no se pierde más de un minuto cada mañana. Se puede ir a comprar el pan y al juzgado con la misma ropa, porque la panadera y la jueza merecen la misma consideración. Y lo mejor: como las buenas adquisiciones duran décadas, no hay que recomenzar la búsqueda cada temporada. No hay mayor tortura para el alma que ir de compras.

Cecil Beaton: *El gobernador Richard Gavin Gardiner en la Government House, Calcuta*, 1941. El más elegante es el señor del fondo. Imperial War Museums, Second World War Official Collection.

*

En 1797 desembarcaron en Sydney, sin superstición alguna, trece ovejas merinas españolas que formaron la primera colonia lanuda de ese continente que hoy domina la mitad de la producción mundial. La lana llegó a las antípodas desde aquí, pero ¿quién la había traído en su día a España? Su migración es similar a la de la raza humana: de Asia a Grecia, después a Roma, después a Hispania.

Julio Camba lo explica: «Lo que yo quisiera saber es quién seguía a quién en el camino hacia Occidente; esto es, si los carneros iban delante como hombres y los hombres detrás como carneros, o viceversa.» Imaginamos que las ovejas iban delante, señalando nuevos pastos, y los hombres detrás, abrigándose con su lana y comiendo su carne. O quizá el hombre guiaba y los borregos obedecían. «Todavía no se sabe quién precedía a quién en la gran marcha de hombres y carneros, y mientras no se sepa esto no se sabrá tampoco si la lana es un producto de la civilización, o si la civilización es más bien un subproducto de la lana.»[38]

*

Un rasgo en extinción: el pudor.

Somos expresiones del paisaje donde crecemos. Geografía, clima y psicología van irremediablemente unidos. El carácter mediterráneo es claro, suave, preciso, de una escala humana. Apasionado, pero no afectado. Hasta hace no tanto, la intimidad era un tesoro y la ostentación un pecado. Sigue existiendo, aunque cada vez menos, esa España reservada y cautelosa que veíamos en los pueblos de Ortiz Echagüe.

38. Julio Camba, *Ni Fuh ni Fah y otras historias del ancho mundo*, Pepitas de Calabaza, Logroño, 2020.

*

Un amigo con mucho mundo que disfruta hartándose de comer se citó al mediodía con el presidente de un club privado, quizá el hombre más pulcro de Barcelona. Las temperaturas habían bajado y estaba el cocido recién entrado en la carta. Imposible no pedirlo. Para cuando llegó el segundo vuelco el presidente ya estaba satisfecho y plegando velas. Mi amigo sollozaba por dentro al imaginar todo lo que se iba a malograr; el morcillo de vaca vieja, la panceta ibérica, el chorizo de Beasain. Es así: en la mesa, la cortesía casi siempre conlleva la pérdida.

No tengo claro que nos haga ningún bien comer solos, por lo que tiene de bárbaro. La observación (inconsciente) que hacemos unos sobre otros favorece la urbanidad. Hoy se mira con más suspicacia al formal que al informal, porque este último casa bien con nuestra sociedad espontánea. El caso es que, en la mesa, un exceso de ceremonia nunca me ha molestado, mientras que algún desconsiderado sí me ha estropeado la comida. Han pasado años, pero sigo acordándome de la mala pécora que fumó un puro a medio metro de nuestro desayuno.

El objeto mismo nos invita al ritual. No motiva el mismo gesto un rollo de papel de cocina que una servilleta de lino. Una servilleta puede definir toda una cultura. Norbert Elias cuenta una anécdota respecto a la extrañeza que a uno le provocan las maneras que no conoce. «En el siglo XI un duque veneciano se casó con una princesa bizantina en cuya corte se utilizaba el tenedor. Esto produjo un gran escándalo en Venecia. Tal novedad se consideró un refinamiento tan excesivo que la esposa del duque fue censurada severamente por los eclesiásticos, quienes atrajeron sobre ella la ira divina. Poco después cogió una enfermedad repugnante, y san Buenaventura no dudó en declarar que era un castigo de Dios.»[39] De lo esmerado a lo diabólico solo hay un paso.

*

Amo las espaldas anchas desde que vi a David Byrne con su traje-caja en *Stop Making Sense* (Jonathan Demme, 1984). Byrne tomó la idea del *big suit* del teatro lírico japonés noh, del que después nacería el butō. Hace unos años, en un viaje a Madrid, unas señoras se dieron un codazo descarado en el ascensor («ahora cuando bajemos comentamos») al verme toda pertrechada en mi Max Mara de 1982 firmado por Anne-Marie Beretta, con hombros de *quarterback*.

*

Un amigo me recuerda su mantra: las ilusiones son intocables. No se puede jugar con ellas. Esa cautela va desde no ser un aguafiestas hasta celebrar las rarezas ajenas. Si al otro le hace feliz, hay que subir a la mesa a cantar «Angelitos negros». Lo que sea.

La histórica Hermès, una de mis marcas preferidas –por coherente, por entender el error como algo productivo, por exquisita–, tiene un departamento, Hermès Horizons, donde recibe pedidos insospechados. Los encargos a medida toman su tiempo, pero educar en el arte de la espera es consustancial a la casa. Pierre-Alexis Dumas: «Creemos en *les plaisirs différés*. Asusta un mundo en el que la gente sea tan infantil como para exigir todo al momento.»

La petición puede ser algo con lo que se soñó en la infan-

39. Norbert Elias, *El proceso de civilización,* Fondo de Cultura Económica, Ciudad de México, 2019.

cia, algo que se tuvo y se perdió, algo que se quiere regalar a un gran amigo. De ese taller salen guantes de boxeo, cofres del tesoro, cañas para la pesca de río o planisferios (tengo que parar a tomar aire: ¡un planisferio de Hermès!).

Los incrédulos me dirán: al objeto lo carga de magia el afecto, no su precio. Y así es: la pelota rosa de plástico con la que jugábamos con mis primas me conmueve más que un balón de cuero hecho a mano. Pero es más sencillo que todo eso: en Hermès se dedican con una docilidad culta al *business of saying yes.* Un cliente tiene un sueño, y un sueño es sagrado.

*

¿Más es más, o menos es más?

Renzo Mongiardino, Tony Duquette, Fulco di Verdura, Douglas Sirk, Grillo Demo, Lacroix, Iris Apfel o Martina Mondadori dominan la desmesura sin caer en lo estruendoso. Una instrucción estética gradual puede permitirse maximalismos. *More is more, and less is a bore.* O como resume Pascua Ortega: «Ser exquisito en la barbaridad.»

La virtud está en algún lugar entre el exceso agobiante y el falso minimalismo, acomplejado y frío. El minimalismo no habla de rodearse de pocas cosas, sino de apartar todo lo que distrae y se interpone en el camino de lo necesario. Su aparente fácil ejecución es una trampa; el esencialismo requiere una lucidez innata, años de poda y un brío capaz de ir al meollo directo como una flecha. Diré más: es bueno rodearse de algunas cosas feas, vulgares, que den un poco de vergüenza ajena. Nada más estéril que un entorno comisariado al milímetro. Un espacio perfecto nos confunde, nos hace creer que también nosotros podemos ser asépticos, cuando el ser humano es saliva, sangre y bilis.

Al emanciparnos aprendemos la primera lección: acumular pesa y cansa. Por eso es urgente aprender a comprar bien. En mi segunda mudanza cargaba con menos de la mitad, y así hasta hoy. En esa reducción progresiva mi única brújula para el gasto ha sido el placer. Cada uno decide qué relación quiere tener con la calidad. La cultura y la información siempre acaban ahorrando dinero. Alguien que no tiene tiempo ni energías para velar por sus intereses y espera que lo haga por él un gobierno, una empresa o una marca va listo. ¿Es la educación en la calidad una herencia familiar? Al principio sí, pero más tarde depende enteramente de uno.

Solo es posible aprender a comprar mejor con un interés genuino por las personas y por la historia que hay detrás de cada objeto. No hay atajos ni trucos. Cuando uno empieza a ganar un sueldo puede sentirse tentado a comprar cada vez más caro, en una imaginada escalera de estatus. Pero la buena compra no funciona por peldaños, sino por puertas que uno va abriendo hasta que encuentra aquellas en las que se siente como en casa.

*

Una de las ruindades de esta era: la obsolescencia programada. En lugar de dejar al objeto vivir su propio camino, se le pone una cruz y una fecha en la frente. De sostenibilidad ya hablaba Dieter Rams en su manifiesto de 1970: el buen diseño es duradero, discreto, inteligible. Sus diseños tenían hace cincuenta años los rasgos que se veneran hoy: la exquisitez, la humildad, el equilibrio, una voluntad férrea de mejorar la vida ayudando en funciones humildes pero importantes. *Less, but better.*

*

Es fascinante ver un material en ubicaciones diferentes. El mármol funciona en el Pabellón Alemán de Mies van der Rohe y también en las limpísimas piscinas de desalar el bacalao en el mercado de abastos. Una ubicuidad chocante similar a encontrarse en la otra punta del mundo al presidente de nuestra empresa con una guirnalda hawaiana al cuello.

Cordero votivo de mármol, siglo II d. C.
The Metropolitan Museum of Art.

*

Escribo un diario desde los nueve años. Una página al dia. No tiene ningún mérito; si preguntan por ahí verán que hasta el apuntador guarda un borrador con sus memorias. En esa libreta vuelco el desahogo y la incredulidad. Apunto impresiones y me reconcilio con mi faceta perdedora. Es un *déjenme tranquila, triunfen ustedes.*

Hace años debí pasarme al digital, pero he mantenido la escritura a mano, y no me arrepiento. Me gusta abrir el armario y ver todos esos años apilados. Me conmueve que sean tangibles; tener en la mano 1996, 2003, 2012. Los libros fueron –antes que los juguetes– los primeros objetos físicos que me hicieron feliz; el diario es su primo pobre, autoeditado para un solo lector: uno mismo.

Los diaristas (más confesionales) leemos con gusto a los dietaristas (más dotados para lo literario). Compartimos un alma cotilla. Las mejores lecturas son las que tienen vigor crítico, una mezcla de euforia y *spleen,* logros y (aún mejor) fracasos; una bitácora abierta al mundo por donde cruzan nombres y apellidos. Si uno encima conoce a los mencionados, el gustirrinín es total.

Hay dietarios matinales (Rousseau, Zenobia Camprubí, José Carlos Llop, Enrique Vila-Matas, Alice James), vespertinos (Jules Renard, Sánchez-Ostiz, Miguel Torga, Valentí Puig) y nocturnos (Ignacio Vidal-Folch, Anaïs Nin, Carlos Edmundo de Ory).

Katherine Mansfield: «Hoy he visto a dos doctores. Un asno y otro asno.»

Sufro y disfruto a partes iguales con los descreídos (Víctor Botas, Jean Cocteau, Gil de Biedma, W. N. P. Barbellion, Alejandro Sawa), pero me sientan mejor los optimistas (Andrés Trapiello, Umbral, Iñaki Uriarte, Marcos Ordóñez, Jaime de Armiñán).

Pablo Martínez Zarracina: «Yo no quiero hacer literatura, lo que quiero hacer es una matanza.»

Mis tres preferidos: Pla, Pepys, Ribeyro.

El quadern gris de Josep Pla es el único libro *serio* que teníamos en el piso de la playa, y lo releí cada verano de la infancia. El santo patrón del *seny* individualista. Un libro perfecto. El libro de mi vida, creo.

A Pepys no lo conocí hasta hace unos años, y ahora lo amo como a un primo hermano desastroso. Me lo dio a conocer otro escritor de talento, Ignació Peyró. Pepys debió creer que nadie llegaría a leer sus percances, de ahí su franqueza extrema. Si queda en ridículo delante de la esposa lo cuenta. Si no entiende la orden de un superior lo cuenta. Sus humillaciones, su medrar discreto, sus enemigos. No filosofa. No hace nada por mejorar su imagen. Se mete en líos de faldas, bebe, esparce rumores, y todo lo relata con una honestidad desarmante. No puede haber otro Pepys, porque ¿quién se atreve a presentarse así de falible ante el mundo?

La falta de dinero es como Roma; todos los caminos desembocan ahí. Julio Ramón Ribeyro escribe en *La tentación del fracaso* sobre soledad, peruanismos y política, pero en el texto sobrevuela siempre la urgencia de la escasez, la frustración de las privaciones en una ciudad arrogante como París. «Noche catastrófica. Reeditando una de mis viejas y estúpidas salidas nocturnas he perdido todo el monto mensual de mi beca. Probablemente me lo robaron en algún bar. Recuerdo haber terminado la noche en una comisaría, ebrio, discutiendo con una mujer de vida alegre. Única conclusión: no puedo seguir soltero.»

*

Elegancias inútiles: planchar las sábanas limpias (que nadie verá y que a la noche arrugaremos), calmar a un perro que espera desconcertado en la puerta, tirar la lata vacía de cerveza que algún desalmado ha dejado en el banco, volver a leer un capítulo cuya maravilla nos acaba de trastornar. Más: vigilar la planta que lleva días rara, pasar dos horas con un regalo que podría despacharse en un momento, cocinar con esmero para nosotros solos, investigar una etimología dudosa.

¿Por qué cuidar aquello en lo que nadie va a fijarse? Una entretela bien meditada, un código programado con pulcritud, un bajorrelieve escondido. Por aquello que dijo Lutyens: Dios lo ve. Con la edad uno pule su relación con lo inútil. No solo entiende su importancia, sino su papel redentor. Ante el horroroso afán de lo rentable elijo caminar del bracete con lo que no tiene valor. Ese rato mirando por la ventana, ordenando los discos, limpiando con cariño la bicicleta o haciendo el muerto en el mar; ese rato que no se puede pesar ni medir favorece un estado mental en el que el mundo simplemente nos acepta *siendo,* sin tener que demostrar nada.

Aquellos versos de Erri de Luca:

Considero un valor ahorrar agua, reparar unos zapatos,
callar a tiempo, acudir a un grito, pedir permiso antes de
    sentarse,
saber dónde está el norte dentro de una habitación,
saber el nombre del viento que está secando la ropa.

La prioridad de un museo, una biblioteca o un laboratorio no puede ser el beneficio ni el poder. Nuccio Ordine: «Existen saberes que (...) por su naturaleza desinteresada, alejada de todo vínculo práctico y comercial, ejercen un papel fundamental en el desarrollo civil de la humanidad. Es útil todo aquello que nos ayuda a hacernos mejores.»[40]

40. Nuccio Ordine, *La utilidad de lo inútil,* Acantilado, Barcelona, 2013, trad. de J. Bayod Brau.

La cultura y el amor vienen sin garantías. Nadie asegura que si amamos nos amarán, ni que leyendo libros nos volveremos más sabios. Pero no intentarlo es de locos. Para hacerlo, sin embargo, es necesario parar, rodearse de silencio y calma, perder trenes.

Esa formación espiritual, esa *bildung,* no es una mera obtención de conocimientos. Es un compromiso vital que no se aprende en un curso de *coach* de CCC, ni en un perfil de Instagram, ni leyendo entrevistas a Byung-Chul Han. El infierno es un lugar donde todo es moderno, atractivo, fácil y entretenido.

*

Gran placer: el mantenimiento. En otra vida debí ser ama de llaves o mecánico de pueblo. Los desajustes de una casa pasan desapercibidos a la mayoría, pero son inmediatamente localizados por mi análisis neurótico. Una puerta floja chirría, y mi alma no descansa hasta que acudo a mi Armario de la Preservación, con herramientas y ungüentos, y con el destornillador y el tres-en-uno, fssst, problema resuelto. ¡Ah...! La satisfacción es indescriptible. Silencio en casa restablecido.

Mis escenas favoritas de *Lo que queda del día, Gosford Park* y *Downton Abbey* son las de los sirvientes preparando las habitaciones, planchando el periódico para secar la tinta, anotando la rotación de sábanas, planificando la despensa para el invierno. La rutina es una lucha constante de puesta a punto. Empezar y concluir una tarea minúscula es un arte infravalorado.

*

El gesto de compromiso de barrer el trozo de la calle de delante de casa, como hacían nuestras madres. Me dice la vecina cuando me ve: «Si de eso ya se ocupa el Ayuntamiento.» Frase que explica muchos de nuestros males.

*

Es ya el final de la tarde. Estoy en casa, sentada en el escritorio. Textos por hacer, lentitud de glaciar. En un cajón de la cocina guardo la morralla para momentos de crisis. A las 20.45 he sacado un tigretón, lo he colocado pulcramente encima del mármol y me he dicho: cuando acabes el texto te lo comes. Como un premio. O sea: me trato a mí misma como a un perrillo salta-aros del circo. Hay que trabajar duro, apetezca o no, y hay que identificar los años clave de una trayectoria profesional. Se van y no vuelven, y en un parpadeo ya es tarde. Nos juzgarán por lo mejor que hayamos hecho, pero también por lo más reciente. Kallifatides: «Como artista, eres lo que eres mientras haces. Luego no eres nada. Ni los perros te ladran cuando pasas.»[41]

No se trabaja por dinero, ni por miedo, ni por vanidad. Se trabaja porque es la lectura más rápida de uno mismo. Yo nunca me he conocido mejor que al verme trabajando.

*

Se vive como un castigo divino, pero que todo requiera *tanto* esfuerzo me parece una bendición.

Organizar una empresa, educar a un hijo en la paciencia, tener buena salud, estar bien formado intelectualmente: cada una de esas tareas lleva una vida entera. Si se me permite el egocentrismo: lo que cuesta escribir un libro, madre mía. Pero

41. Theodor Kallifatides, *Otra vida por vivir*, Galaxia Gutenberg, Barcelona, 2019, trad. de Selma Ancira.

el desafío enseña a resistir. Nos imponen rapidez, pero necesitamos serenidad para formar un espíritu crítico. Trabajando soy algo lenta. He intentado cambiarlo, pero de momento ha sido en vano. Soy lenta, y ya está. Para llegar a hacer un buen trabajo hay que plantarse.

Frente a la protesta —queja ruidosa y estéril—, la resistencia: una manera tenaz de estar en el mundo. Josep Maria Esquirol: «El resistente intenta no ceder a la actualidad, a la victoria de la indiferencia, a la ceguera del destino, a la retórica sin palabra.»[42]

Un ejemplo: *Cahiers du Cinéma.*

Esta histórica revista de cine, fundada en 1951, pasó de unas manos a otras a partir de 1998. Después de dar muchas vueltas, en febrero de 2020 un grupo de propietarios de medios de comunicación la adquirió. Veinte personas de la redacción —algunos llevaban allí desde los años noventa— dimitieron en bloque: los riesgos de conflictos de intereses y presiones políticas eran inaceptables. Esa es la razón oficial, y está clarísima.

Pero lo mejor —la elegancia involuntaria— aparece en la explicación espontánea al ser entrevistados, negándose a lo que les pedían: «No queremos ser una revista cordial ni chic.»

*

Los diseñadores industriales son —sospecho— uno de los colectivos que más reniegan de su etiqueta identificativa. Más aún los italianos, con ese carácter del demonio que tienen. Nunca llames diseñador a un diseñador.

Harto de ideas dóciles que solo servían para decorar, Ales-

---

42. Josep Maria Esquirol, *La resistencia íntima. Ensayo de una filosofía de la proximidad,* Acantilado, Barcelona, 2015.

sandro Mendini prefirió un *contradiseño* ético y radical. Ético, porque debía ir ligado a lo social, y a una manera de trabajar en la que hubiera espacio para lo banal, lo primitivo, la poesía y el humor. Radical, porque nacía de un individualismo opuesto a la producción industrial. No deconstruían (demasiado intelectual), sino que parodiaban.

Si Mendini hubiera sido un gilipollas, yo sospecharía inmediatamente de este tipo de rupturas epatantes. Pero él —como Michele de Lucchi, como Gaetano Pesce; Sottsass sí estaba como una regadera— era un hombre normal y corriente, con sus cárdigans y sus conservas en el armario, su saludo al perro del vecino y su telediario nocturno. Solo quería un diseño menos diseñado y más *sentido*. No le interesaba el arte, sino más bien saber qué había para cenar.

Sus procesos eran actos introvertidos, con la mínima voluntad exhibicionista. Concebía sus objetos como personajes de una novela, unos buenos y otros villanos; no quería firmar una silla que fuese simple información sin alma.

*

Hojeo el libro del fotógrafo Joel Meyerowitz dedicado al pintor Giorgio Morandi, con instantáneas de los objetos (una botella, un bloque de madera, una caracola, una jarra) que el italiano pintó una y otra vez. Cuánto buen ojo en ese eje Morandi-Meyerowitz. La teoría se corrobora: los *cosistas* se detectan entre sí.

Podría pensarse que Meyerowitz con lo que tiene mano es con las personas, y es cierto, pero cuando fotografía lo inanimado —que es lo verdaderamente poroso al entorno— todavía me gusta más. No hay coches con más presencia que los retratados por él.

Así que Meyerowitz fue a casa del pintor, y encontró esos

pequeños elementos dispuestos de pie en la mesa, casi esperándolo, como un coro ensayando. Morandi: «Creo que nada es más abstracto e irreal que lo que tenemos delante.» Sobre sus objetos, pintados con una sutileza oriental, cae el silencio, el polvo, la luz de la tarde, una elocuencia silenciosa.

Felix Vallotton: *Escena de calle en París*, 1895.
The Metropolitan Museum of Art.

*

Ese joyón que es la serie «Palabra e Imagen», publicada por la editorial Lumen desde 1961 hasta 1966. Oscar Tusquets cuenta que no se vendió especialmente bien, pero el precio que esos libros alcanzan hoy en subastas online –aunque detesto a los especuladores– da una idea de su singularidad.

Uno fotografiaba, el otro escribía un texto. Algunas de las parejas de trabajo: Ignacio Aldecoa y Ramón Masats, Miguel Delibes y Oriol Maspons, Alfonso Grosso y Francisco Ontañón, Cela y Julio Ubiña. Edición en estado de gracia.

*

¿Para qué sirven los libros? Eso intentaba explicar en su programa de radio E. M. Forster. Convierten la palabra en un «objeto circulante de alto valor moral», y no caducan. Un motivo para leer, además de informarse o entretenerse, es porque los libros nos despiertan. «A mí me despertó *Erewhon,* la fantástica novela de Samuel Butler. La leí a principios de siglo, y me hizo sentir y pensar en todas las direcciones, como si hubiese tocado algo vivo, y por supuesto que había tocado algo vivo: había tocado la mente de Samuel Butler. Los libros no solo nos despiertan. También pueden ayudarnos a construir nuestra vida, al depositar en nuestro interior la fuerza necesaria para avanzar.»

*

Ojalá no hiciera falta llevar bolso. Las mujeres podríamos ir silbando, las manos en los bolsillos a resguardo del frío, y solo con lo imprescindible: algo de dinero en efectivo y las llaves. El teléfono se queda en casa, que es de donde nunca debió salir.

En ese mundo ideal sin bolsos no hay hijos que piden galletas, no existen los mocos, no hace falta maquillarse, no necesitamos medicamentos ni chicles.

No es solo un accesorio; es un mapa vital de quien lo lleva. Los psicólogos que tratan a pacientes con demencia emplean objetos para estimular la memoria, y dicen que el bolso despierta uno de los vínculos más fuertes con el pasado. Es el nido, el marsupio, nuestra península portátil.

Hay pocos indicadores más delatores de la historia personal, social y económica de una mujer que ese objeto. Es al atuendo lo que el adjetivo a la literatura: nos precisa y posiciona. En el bolso conviven lo lírico y lo prosaico (la hoja seca recogida en un viaje, el tabaco), los recuerdos y el presente, los sedimentos del día a día.

*

Señales lejanas.

La sirena de saludo de los barcos al pasar por un puerto habitual. El niño que las noches de verano usaba una linterna para dar las buenas noches a su amiga vecina. Las indicaciones pintadas en los senderos de montaña. La carta del abuelo con la caligrafía temblorosa. En la carretera en agosto, el coche que te hacía luces porque te habías dejado un trozo de toalla de Nivea colgando fuera de la puerta. La nota generosa bajo el parabrisas. El telegrama, que ojalá no se hubiera extinguido. La compañera de trabajo que ya se ha ido a casa pero ha dejado un post it con un saludo encima de nuestro teclado.

Necesitamos hablarnos, estamos desesperados por conectar, pero recibimos tal goteo de exigencias instantáneas que las formas de comunicación más interesantes han pasado a ser aquellas en las que media una distancia, de espacio o de tiempo.

*

Nada iguala el placer del peso de la manta heredada –el peso del árbol familiar– sobre el cuerpo somnoliento. Cuando visitaba a mis tíos de Pamplona, mi momento preferido era el rato de charla antes de ir a dormir. Me preparaban una cama individual con una manta increíble color crema que compraron de viaje en los setenta. «Son francesas», me dijeron la primera vez que me mostraron la pareja. Me encantó esa confianza manufacturera, como cuando antes se decía con aplomo: «Es inglés.» O: «Es tecnología japonesa.»

*

Ser artesano no significa tener un superpoder que asegura un gran resultado. Un producto artesanal *no* siempre es interesante. Es frecuente encontrar a profesionales de un oficio con una capacidad técnica irreprochable, y que sin embargo fracasan en lo estético. Se puede tener buena mano y aun así obtener productos confusos, fallidos, abiertamente feos. Esto se comprueba al visitar ferias o tiendas con más voluntad que criterio. Recuerdo una carpa de manualidades en Sant Cugat. No podía dejar de mirar, como cuando hay un accidente. Mi amiga me tuvo que arrastrar fuera.

Mi teoría es que algunas de esas personas que venden faldas de fieltro asimétricas o collares de indio navajo *made in* Martorell fueron animadas en su día por amigos con buena intención y juicio dudoso. En inglés tienen una palabra exacta para ese estado convencido y delirante: *delusion*. Los países que recelan de adornos y manierismos (Dinamarca, Japón, Suecia) tienden a obtener objetos más atemporales, alejándose de un neotradicionalismo camp.

El empuje atávico de hacer algo con las manos es tan viejo como la humanidad. Tener una habilidad otorga una autoridad. Dime qué puedes crear desde cero y te diré quién eres.

Todo empieza por un diálogo con uno mismo, una meditación, que luego se convierte en hábito. Una vez alcanzada la maestría, si es que se llega a ella, empieza algo aún más difícil: saber cuándo frenar. Ese virtuosismo que Ruskin odiaba, y del que advierte Richard Sennett: «La obsesión por conseguir cosas perfectas puede estropear el propio trabajo. Es más fácil fallar por obsesión que por falta de habilidad.»

No hay una bondad y sabiduría inherentes al artesano. Lograr un producto comercial honesto es un arte, al mismo tiempo que circulan por esos mundos de Dios gran cantidad de objetos anodinos que creen estar legitimados por la mera circunstancia de estar hechos a mano. Son producciones que se escudan en la autosuficiencia y disimulan lo tosco con un supuesto *encanto*.

Conclusión: ninguna. Para distinguir y comprar bien –bien de verdad– hay que tener muchas horas de vuelo.

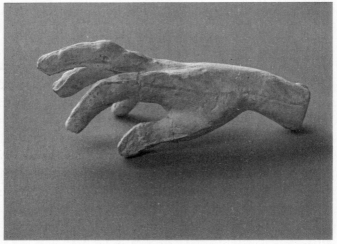

Rodin: *Estudio de una mano*, 1895. Rilke, que por un tiempo fue secretario de Rodin, escribió: «Las manos de Rodin no tienen cuerpo, pero están vivas. Manos que se alzan irritadas, con dedos erizados que parecen ladrar como las cinco fauces de un perro del infierno.» The Metropolitan Museum of Art.

*

He pedido en mi próxima carta a los Reyes Magos:
Un catálogo de juguetes diseñado por Fabien Baron. Un podio de Apa Apa Cómics en Dover Street Market. Una vela con olor a amontillado de Pérez Barquero y Astier de Villatte. Guillermo Santomà con un cheque en blanco para repensar la Plaza de Catalunya. Cápsulas en la televisión del metro con cortometrajes de Leos Carax, Xavier Dolan, Stan Brakhage, dibujos animados checoslovacos de los años cincuenta. Oscar Tusquets cambiando todos los detalles interiores de la Sagrada Familia que no funcionan. Una capa con vuelo de Yohji Yamamoto para el cincuenta aniversario del Concorde. Botes de caramelos de Sargadelos para Loewe.

*

A veces algo querido nos lleva de la mano a otros nombres. Leyendo sobre el *Agnus Dei* de Zurbarán mencionaron la escultura de la Santa Cecilia de Maderno, en la basílica de Santa Cecilia del Trastevere romano.

Me conmueve el cuello con las hendiduras de la espada, la figura tendida que esconde la cara, casi avergonzada por lo mal que han ido las cosas. Pasan los siglos, sigue emocionando. Nació con una semilla de inmortalidad, y se ha ganado ser eterna.

*

El día que me entierren ya he dispuesto que construyan una pequeña pagoda decorada por dentro al estilo Liberace. Ahí estaré yo, embalsamada y tiesa como la mojama, sentada en un trono con las Wayfarer puestas, y me rodeará una selección de mis trastos. Fotos familiares, discos, libros y un número de cada una de mis revistas preferidas, a saber:
La *Country Life* dedicada al concurso anual Britain's Naugh-

tiest Dog («*Sociable, sun-loving and incredibly patient with children, these innocent-looking dogs actually enjoy a secret life of crime*»).

La *Six* (la revista de Comme des Garçons) con la flor amarilla en la portada.

El primer número de *L'Ymagier* de Alfred Jarry y Rémy de Gourmont.

Otro primer número: el de *The Gentlewoman,* donde además salen mis piernas fotografiadas por Daniel Riera (es uno de mis hitos vitales, y lo contaré tantas veces como pueda. O, como decía Ramón Gaya: yo no me repito, yo insisto).

Cualquier *Ragazza* de principios de los noventa, con las editoriales donde mezclaban Chanel, Future Ozbek, Stüssy[43] y W&LT.

Una *Codorniz* con portada de Enrique Herreros.

El *Domus «numero speciale sulla casa al mare»,* con esa portada marina ilustrada tan bonita (y no me suelen gustar las portadas ilustradas).

Nos aburrimos hasta de lo bueno. Solo vencen al tedio las revistas que no son contenido sino institución: *The Economist, The New Yorker, The Paris Review, The Atlantic.* España puede presumir de aportar también un clásico: *¡Hola!,* que muestra su formalidad ya en los reglamentarios signos de exclamación de apertura y cierre de la cabecera.

El *¡Hola!* (porque en mi casa siempre fue *el,* no *la)* tiene algo indispensable en una publicación: un universo propio. En el planeta *¡Hola!* no hay varices, paro, macarrones Dia ni

43. En Japón, Stüssy sigue siendo *algo.* En ese gap comunicativo –que allí es más bien una falla de San Andrés–, el fanatismo mutuo por la marca me conectó al segundo con el joven de la tienda de Harajuku. Él prefería las campañas de Ron Leighton, yo las de David Dobson (¡el T-Rex!).

suburbio agitado. Su mirada sobre el mundo es amable y desinfectante. Su elegancia involuntaria no es tanto su contenido como su propia tenacidad y reticencia a arrodillarse ante lo ordinario. Con una amiga decíamos que *¡Hola!* debería valer 30 euros, para que la gente entendiese su calibre y la coleccionara.

Más revistas preferidas: *Reader's Digest,* la antigua *The Face,* la *COLORS* de Toscani y Kalman (que se adelantó treinta años al discurso de la diversidad, la ecología optimista, las familias diferentes, la visibilización de la enfermedad); *Revista de Occidente, Pèl & Ploma, Agente Provocador,* la *Flair* de Fleur Cowles; *Rising Up Angry, Makoki, Por Favor.* La vorticista *BLAST,* la ultraísta *Vltra,* la *Merlin* de Alexander Trocchi, *Papeles de Son Armadans, Índice* o *Apartamento,* que es la mejor legataria posible de la extinta *Nest,* una maravilla antimaterialista que prefería mostrar una habitación con calcetines secándose en el radiador a cualquier ático pijo.

Dicen que ya nadie hace caso a las revistas. No me extraña. Todo es artificio y manierismo, no hay humor negro ni desenvoltura, todo el rato es intentar ser mejor que el de al lado. Para ellos: coches, relojes, barbas, whisky, videojuegos, actores de series malas, futbolistas, barmans chulitos, emprendedores, restaurantes de moda, cremas. Para ellas: actrices, maquillaje, decoración clonada, viajes con niños, feminismo simplificado, dietas, objetos caros que quedan olvidados en el mismo momento de llegar a casa.

¿No sería el momento de editar publicaciones contundentes, hondas, fugitivas? ¿No sería un último suspiro divertido, al menos?

*

Hay unas salas del Prado donde siempre aviso a mis acompañantes: sigue tú, nos vemos más adelante. Me pone nerviosa no poder estar todo el rato que deseo con los bodegones.

John Berger tenía un ojo finísimo para las *still lifes* o *natures mortes*. Sus preferidas: las de Zurbarán, Chardin, Cézanne y Barceló. «Todas las naturalezas muertas hablan de seguridad, mientras que todo paisaje habla de aventura.»

En las naturalezas muertas cada objeto es un personaje: Sánchez Cotán pinta el cardo como un pillo con gorra apoyado en la esquina, un cardo *rascal*, y las zanahorias están limpias de tierra y hojas, preparadas para salir a pasear.

¿Qué saldría en el bodegón de nuestra vida? En el mío, hojas de morera para mis gusanos de seda, un trozo de queso Cabrales, un trapo de cocina, la brújula de mi padre, el crucifijo (roto y con celo en la cruz) de mi madre, mi peine de asta, granadas y limones.

Albrecht Dürer: *Estudios de una almohada*, 1493.
The Metropolitan Museum of Art.

*

Algunas elegancias domésticas.

La silla de enea junto a la puerta con cortinas de cuerda.

Besar el pan cuando ha caído al suelo.

En el quiosco, las piedras que defienden a los periódicos del viento.

Los números memorizados, hoy ya huérfanos: la matrícula de nuestro primer coche, el teléfono de la casa donde crecimos.

La parte del cuerpo que cobija el afecto: el regazo. Ahí apoyan la cabeza los niños, ahí pelamos los guisantes o las castañas, ahí se acurruca el gato.

Ramira, la abuela de Juanjo Sáez, que anunciaba la hora en voz alta: «El cuarto.» «La media.»

Otra abuela, la de Miqui Otero. Era gallega, se llamaba Placeres. En su vida no hizo más que trabajar y ayudar. «Cuando le echabas una manta y la sentía suave, la tocaba, sonreía y decía: *é moi humilde.*»

El estilo de la mano en cada bordado y remiendo, y también en las buenas soldaduras.

El comportamiento ejemplar de las cerillas: baratas, rápidas, cumplidoras.

Un lápiz al que se acaba de sacar punta, orgullosísimo.

Los parques de atracciones de provincias, con esos muñecos que no atienden a *copyright* alguno: la montaña rusa de un Mickey Mouse descarriado, un Pato Donald tuberculoso; los pobres siete enanitos, embaucados sin venir a cuento en un túnel-terremoto.

Persignarse antes de empezar el viaje.

Jerseicitos de perlé en el escaparate de una mercería.

Ollas de cobre abrillantadas.

A lo lejos, el silbido ascendente del afilador.

Las olivas con hueso. Despojarlas de su esqueleto es quitarles personalidad. Lo relleno siempre es fraudulento.

Cortar una fruta y llevarse los pedazos a la boca con el filo.

Una mañana helada de invierno camino al colegio, meter la mano infantil en el bolsillo del abrigo de tu abuelo.

Las parejas enamoradas de Rafael de León.

Para merendar, pan con chocolate. Para desayunar, pan con aceite de oliva. Los equivalentes alimenticios del agua y jabón del título.

Cuando alguien da una información empezando así: «Se conoce que...»

Mi madre prohibiéndome una película de TVE porque ve que la marcan con dos rombos: «No puedes verla, tiene cama.»

El sonido formal de las campanas.

Los nombres que nadie quiere rescatar: Agripina, Gervasio, Primitivo, Balbina, Dámaso, Hilario, Iluminada.

La fotogenia de un vaso de leche.

Entrar en un comercio y, después de los buenos días (en Cataluña tenemos el *«Déu vos guard»*), preguntar quién da la vez.

El avión de papel aterrizado desde quién sabe dónde.

Los columbogramas en las patas de las palomas.

La navaja heredada, u obsequiada por un buen amigo. La mía es de un viaje por el Jura, comprada a un estanquero que era el primero del pueblo en abrir y el último en cerrar. Dudé cuál elegir. El hombre vio que era un regalo, y le gustó participar del momento. Una navaja invita a ser Huck Finn.

Las trampas para ratones que venden en las ferreterías. Pero solo para mirar su construcción. Ningún animal merece morir en un cepo.

Lanzar las cáscaras de naranja al fuego de la chimenea.

Aquella letra tan triste de Vainica Doble: «Tiran a la basura / sus juguetes de hojalata, / sus ingenuas acuarelas, / sus fotos, sellos y cartas.»

Las gloriosas siestas con el Tour de fondo.

Las zarzuelas chicas, con esas lavanderas en enaguas, casas de huéspedes, serenos, modistillas que van en tranvía, manojos de claveles, prestamistas, lechuguinos, niños que juegan al aro...

Apagar el extractor de la cocina y decir: qué descanso.

No comer melón de noche por el terror a morir.

El pañuelo de tela planchado que aparece en el bolsillo de un abrigo remoto.

El ajuar. La prisa por llenar un hogar cuanto antes de objetos que acompañen la timidez de los recién casados, aún dos desconocidos.

*

En ese dificilísimo trance que es autodefinirse hay que tomar ejemplo de la sencillez del historiador Julio Caro Baroja: «Soy una señora que se dedica a sus labores.» Y añade: «Tengo tendencia a escudriñar en ámbitos sin popularidad alguna. Soy un defensor de la variedad, del matiz, de la excepción.» Antes que trabajar en un museo o una universidad, Caro Baroja «preferiría pedir limosna con un perro en la puerta de San Ginés».

*

Estuvo a punto de no ver la luz. Peter Saville diseñó la portada del *Power, Corruption & Lies* de New Order con la famosa cesta de rosas de Henri Fantin-Latour.

Saville, explica, descubrió ese lenguaje visual en la boutique de Dover Street de Georgina Godley y Scott Crolla. Crolla –el nombre de la tienda– era un vivero de texturas interesantes. Denim y paisley, brocado e ikat, yukatas y chaquetas Nehru, tartán y madras. Huían de lo normativo, lo mil veces visto, y se quedaban solo con lo expresivo, lo emocionante, lo que trae consigo una historia. Saville: «Crolla encarnaba el perfecto principio posmoderno: existe el pasado, el presente y lo posible.» ¿Un grupo de synth pop representado por un bodegón floral del siglo XIX? Pues mira, sí.

*

Cuando Bruce Chatwin está preparando su nuevo piso londinense de Eaton Place no busca austeridad, sino contención. Le pide al arquitecto John Pawson que evite «el blanco muerto de las paredes inglesas». Quiere el blanco encalado de Grecia o Andalucía, el color de la leche. Todo «suavemente sencillo, como la arquitectura del Alentejo».

*

Lo admito, sufro el efecto Diderot. Esa teoría sobre el consumo argumenta que cuando adquirimos algo de primera entramos en una espiral de compras para que el resto de nuestras pertenencias estén a la altura.

Es una caricatura, pero por ejemplo: te encaprichas de una gabardina Mackintosh, y ya has empujado la primera ficha del dominó. Vas a *necesitar* a juego un jersey de Drake's, unos pantalones de Acne, unos derbies de J. M. Weston, una mochila de The Row, por qué no unas Persol ya que estamos, etc.

(Lo cierto es que al lado de *lo bueno* yo creo que lo que mejor funciona es lo anónimo; con un señor abrigo se puede vestir debajo un simple vestido de lino con un delantal de trabajo.)

El término «efecto Diderot» lo acuñó el antropólogo Grant McCracken en 1988. Eligió ese nombre por un ensayo brillante de 1772 de Diderot: *Regrets sur ma vieille robe de chambre ou avis à ceux qui ont plus de goût que de fortune.*

Ese es el drama: más gusto que perras.

*

La presencia respetable del *Wiener Zeitungshalter.*

Este artefacto anacrónico va ligado a la existencia de las cafeterías históricas de Viena. En vez de entrar en batalla con las páginas rebeldes, el *sujetaperiódicos* de madera amansa el esqueleto de papel y recuerda al cliente que hay otros lectores antes y después de él.

Su hermano mayor se llama *Zeitungsständer,* y agrupa las publicaciones en un mismo lugar. La selección en público de la primera lectura del día recuerda al pudor del día de elecciones ante las papeletas.

El primo lejano de la familia es ese pequeño armario metálico donde se obtiene el periódico a cambio de unas monedas.

Todos los objetos que viven en la calle (buzones, papeleras, bancos, fuentes) ofrecen un retrato fidedigno de la ciudad que los acoge. Es en ese anonimato de los elementos comunes donde el gesto civilizado tiene más valor. Desde la ventana de la casa donde me alojaba en Múnich vi una mañana muy temprana de lunes a un señor retirando las hojas del techo del armarito de periódicos, colocándolo alineado en la acera, como el padre que corrige la corbata del uniforme del niño antes de ir a la escuela.

*

El espectáculo del bullicio al entrar en una fonda al mediodía. «¿De qué se ríen tanto? ¿Han dicho alguna gracia? No señor; se ríen de que han comido.» Qué razón tiene Larra: somos así de simples.

Sé que me gusta mucho un restaurante cuando, quizá en el segundo plato aún, ya estoy planeando la siguiente visita. El síntoma más primario de felicidad es desear la repetición.

*

El editor Arnoldo Mondadori (izquierda) pasea junto al escritor belga Georges Simenon. Archivi Mondadori, 1961.

Dos amigos mayores caminan y conversan cogidos de bracete. En esto los italianos del norte tienen una gracia incomparable; es raro ver esa escena en las calles españolas. La intimidad amistosa también es un arte.

*

Los colores tienen vidas secretas, por eso me entristece encontrar una simple referencia numérica en la etiqueta de descripción. Pintaría cada una de las habitaciones de una gran casa de celadón, índigo, amarillo Nápoles, rosa Mountbatten, azul Prusia, gris Payne.

Bragas enormes, pijamas para señor, *long johns* y medias en el elegantísimo escaparate lorquiano y enrejado de Gèneres de Punt La Torre, uno de mis vecinos en la Ronda Sant Antoni barcelonesa.

Abrieron en 1900 y ahí siguen, impávidos, viendo pasar el siglo. Siempre les compro lo mismo: camisetas interiores de Ragno (1879, Valsesia, norte del Piamonte) y calcetines Falke (1895, Renania).

Es una de esas tiendas donde la educación –y el mérito de que sigan abiertos– pide no preguntar precios. Preguntar, en general, es una descortesía: uno debe ser capaz de observar y entender dónde está.

Luego vuelvo lentamente a casa, pensando en esos tres años de fundación –1900, 1879, 1895–, mientras me cruzo con bolsas y bolsas de Primark.

*

Con quince años tenía vetada la Barcelona nocturna, pero de algún modo convencí a mis padres para que me dejaran ir a comprar cómics los viernes después de comer.

Mi amigo Prat y yo salíamos de Terrassa en un tren mierdoso de Renfe a las tres de la tarde –él con su camiseta de Cradle of Filth, yo con la de Siniestro Total–, y pasábamos la tarde encabritados en las tiendas. Volvíamos con la mochila amarilla llena de Robert Crumb, Alan Moore, Gilbert Shelton, Dave McKean, Peter Bagge,[44] Chris Ware, Bilal &

---

44. Lo que más ilusión me hacía comprar era el *Hate* de Bagge, que importaban en formato original en Gigamesh (más grande, a color y en inglés). Cuatro jóvenes de Seattle con sus camisas de franela, sus conciertos

Christin, David Mazzucchelli, Seth, Daniel Clowes, John Porcellino, cualquier cosa de Drawn & Quarterly, los Hernández...

Mi amigo y yo no teníamos nada que ver. Nos sentaron juntos en Literatura Universal y simplemente nos hicimos amigos. La puntería del azar. No era muy guapo pero tenía unas novias increíbles, amigos mayores y leídos, iba a la suya. Yo era una pseudopija de provincias, en ese momento en dura pugna con Pau Camprubí por la primera nota de la clase. Cómo se enteró Prat de que me gustaban los cómics es un misterio que he olvidado. Sí recuerdo, en cambio, lo agradabilísimo que me resultaba compartir esa afición. Me supo leer más allá de los clichés.

Poco después mi primer novio me regaló un tocadiscos, el mismo que sigo teniendo hoy. No le he cambiado la aguja ni una vez, un milagro digno de ser estudiado. Tiene sus achaques (los singles suenan un poco lentos), pero sigue a mi lado. Con el tocadiscos estrené pretexto para ir aún más a Barcelona: comprar música. Horas y horas con los dedos llenos de polvo. Si las cubetas estaban en el estante de abajo me agenciaba –para no herniarme– el taburetín que solía rondar por ahí, me arremangaba y pasaba lentamente una portada tras otra (los guays las pasan muy rápido, yo nunca lo he logrado). Acabas encontrándote siempre con los mismos álbumes, las mismas ofertas y los mismos parroquianos. Hay un gran placer en aquello de *Cheers* de «*everybody knows your name*».

En el mundo de los acumuladores de cómics y discos encontré, como en todo grupo de coleccionistas, una elegancia involuntaria importantísima: la aceptación incondicional. Da

grunge de grupos fracasados y el olor a Miller impregnando furgonetas y sofás. Cuando fui a Seattle me pareció la anti-Barcelona: no es amable, accesible ni entretejida. Aun así me gustó.

igual si uno tenía acné, un ático en Turó Park, dentadura inglesa o aura celestial de *jock* triunfador.

*

Aunque yo había escuchado música electrónica desde pequeña gracias a mis hermanos (New Order, Kraftwerk, Depeche Mode, Brian Eno), no supe lo que era –no me *fijé* en lo que era– hasta aquel anuncio en blanco y negro de Levi's, *Drugstore* (1994), dirigido por Michel Gondry con banda sonora de Biosphere («Novelty Waves»).

Esa fue la primera vez que escuché ese estilo con atención plena y sin más mediador que la casualidad, y el impacto fue significativo. Ese mismo año, 1994, nació en Barcelona el festival Sónar, y pocos años después –al licenciarme– les escribí para trabajar con ellos llevada, seguro, por la semilla que se plantó esa noche delante de la tele.

*

De todos los regalos que me hicieron mis padres, el que más debo agradecerles es el de mis dos hermanos mayores. Como me llevo bastantes años con ellos, cuando crecí la casa ya estaba llena de ropa, música, tebeos, libros, pósters, juegos de mesa. Es la diferencia entre llegar a la vida con tabula rasa, o con la película empezada y en pleno segundo acto. Esto último es mucho más divertido.

No me gusta la nostalgia; creo que es tramposa y selectiva. Detesto esos libros graciosillos tipo *Yo fui a EGB*. Compartir recuerdos no es nada especial, ocurre en todas las generaciones, no le encuentro la gracia monologuista. Me disculparán entonces el siguiente párrafo descriptivo. Es por dar contexto.

Mi infancia fue una fina lluvia de Superhumores y chicles

Bang Bang, Risk y Hundir la Flota, José María García e Indu-
ráin, Orson Welles y Mariano Ozores, casetes con pegatinas
de Mistral y carpetas con fotos de Marta Chávarri y Vaitiare,
deportivas Nike, balones Adidas Tango, muchos 501 y música
durante todo el día: OMD y Iron Maiden, Ramones y Tears
for Fears, Kortatu y Pet Shop Boys, Roxy Music y El Último
de la Fila, Kamenbert y Código Neurótico.

Esa mezcla desacomplejada y nutritiva hizo que desde el
principio sintiera una curiosidad musical amplia. Mi ventana
al mundo era un miserable catálogo a color llamado Tipo, con
discos y camisetas. Yo memorizaba todo lo que podía, sin ningún fin, por el gusto de saber. De ahí quedaron mis filias
(folk, pop, punk, indie no-bobo, hip hop, northern soul, americana, rocksteady, boogaloo, IDM, todo lo de Fania), y mis
fobias (rock progresivo, psicodelia, acid jazz, twee, industrial,
el jazz latino rollo Trueba –el otro me chifla–, grunge, ska
pulgoso). Al reguetón lo medio respeto (y «Gasolina» me parece un himno).

Pero esto de los géneros es una chorrada, porque en todo
cajón hay broza y maravillas.

*

Fantasía molecular sci-fi: una cápsula metálica estilo Marc
Newson a la que llamaría Permuta Ventajosa. En la pantalla
exterior uno indicaría qué quiere cambiar por qué. Metería-
mos dentro, por ejemplo, un patinete, invento mierdoso a
cuyo creador le deseo úlceras supurantes. Y en la pantalla yo
teclearía: «motocarro». Al instante el ingenio demoníaco se
convertiría en un gracioso vehículo chato sin glamour ni apenas velocidad ni perro que le ladre.

El riesgo: ¿por quién o por qué me cambiarían a mí?

Vincent Van Gogh: *Primeros pasos*, 1890.
The Metropolitan Museum of Art.

*

Lectores jóvenes, ustedes que pueden: en vez de ir comprando a voleo, inviertan cada año en solo dos ítems: una buena prenda atemporal de ropa (nada ceñido; mejor *oversize)* y una pieza importante de diseño industrial o arte.

A los cuarenta tendrán ya el armario hecho –aún entrarán en la talla– y una casa bien equipada, no una franquicia de Ikea. Abunda en revistas ese discurso de «un espacio chulo con cuatro duros», y venga minicactus y letras grandes de madera (no, por Dios) y plástico por doquier. Cuando en realidad es al revés: deberían educarnos para ahorrar desde críos y comprar Thonets, Breuers, Prouvés, Perriands, y así con esfuerzo y dos décadas atesoraríamos una colección decente y no una casa llena de palés, ilustraciones tontis e imitaciones.

Quizá el plan de pasar años rodeados de las mismas piezas horrorice a muchos veletas, pero algo bello y bueno (piensen en su música favorita, su perro, su película de cabecera) es un amor para siempre. Repetir es identidad y ancla, y un ahorro mayúsculo de tiempo.

*

No me fío de casi ningún objeto que esté de moda. Prefiero la claridad y el pragmatismo de esos útiles que solemos ignorar, resignados a nuestras prisas: el reloj de estación, el semáforo de entrada a la ciudad, las papeleras, las cestas del supermercado, todo invisible y todo tan importante.

Entro en un establecimiento, y en lugar de una selección personal encuentro una antología de la teletienda. Yo, lo prometo, empatizo con los ciudadanos que tienen un comercio: hay que ganarse la vida. Pero que no lo justifiquen con esta cobardía moral: «A nosotros tampoco nos gusta, pero esto es lo que pide la gente.»

*

Dios tuvo misericordia conmigo: soy abstemia, pero me concedió el gusto por los perfumes. La orfandad de una vida sin vino es compensada por el placer íntimo del perfume que, como la lectura, se metaboliza únicamente a solas. Todos tenemos olfato, pero para oler y entender historias hace falta un cierto entrenamiento. De entre todas las creaciones del hombre, es una de las más inasibles y frágiles.

Cuando aún estamos dentro de nuestras madres y no podemos tocar, ver ni oír demasiado, nuestra nariz ya trabaja a destajo. Los aromas se atesoran de forma inconsciente y visceral; de ahí que, quince años después, pasemos por una calle, huela a nuestra guardería y paremos en seco de la impresión.

Compro perfumes desde los quince años. No tengo prejuicios; a veces, con los más comerciales uno se lleva sorpresas. Cuando el sábado tarde cojo el metro y va lleno de adolescentes salidos bañados en perfumes baratos, siento infinito amor por ellos, por su ansia de vivir y divertirse.

Una perfumería bien surtida, igual que una cocina, es una máquina del tiempo. Desenrosco el tapón metálico de CK One y vuelve a ser 1994, tengo en el regazo una *Vogue* americana robada de un hotel y freno en seco al ver la doble página con Kate Moss y la tropa de entonces (Shimizu, Owen, Tennant) fotografiadas por Steven Meisel. ¡Madre mía! Estábamos tan faltos de información visual —entonces había que *pagar* por ella— que cuando nos caía en las manos un fanzine o una funda de disco de vinilo llena de detalles le clavábamos los colmillos y sacábamos todo el jugo. Una simple foto en blanco y negro me captó para sus filas sin remedio. Fui la primera del colegio en llevar CK One, y sentí un pequeño triunfo cuando al cabo de meses toda la escuela olía igual.

Para entonces yo ya había pasado página (¡ja!), y ahorraba como una loca para el clásico de Chanel, el Nº5, para el que claramente *no* estaba preparada. Así que cuando llegó el momento de apoquinar, di un volantazo y elegí Egoïste. La vendedora me miró fijamente: ¿para ti? Para mí, le dije. Egoïste es serio y antipático, pendenciero y marrano; es el tío soltero descarriado que se juega la herencia en el casino, estrella el descapotable contra un árbol y sale del coche chamuscado pero en pie. Elegir un perfume audaz es enviarse una carta a uno mismo, y con Egoïste (y luego Antaeus)[45] lo que yo me intentaba decir entonces era: no eres muy lista, tu vida en Terrassa no tiene el más mínimo interés, pero dispones de tiempo y energía para mejorar.

45. En El Prado está ese cuadro que es la imagen del proto *bromance: Hércules luchando con Anteo*, de Zurbarán.

Al cabo de dos años fui a la universidad y empecé a trabajar para independizarme. Fueron los años de Eau d'Hadrien (el homenaje de Annick Goutal a las *Memorias de Adriano* de Yourcenar),[46] Blenheim Bouquet, Fougère Royale, la colonia clásica de D. R. Harris, los inciensos de Comme des Garçons, Cala Rossa de Santa Maria Novella, Pour un Homme de Caron, Trèfle Pur de Atelier Cologne, Extract of Limes de Geo F. Trumper o la que llevo ahora mismo, que responde a una iluminación divina, porque mi novio la trajo de regalo de París sin pista alguna: Sumi Hinoki de Buly.

Me gustan las mujeres con perfumes de hombre, y viceversa. Me gusta quien renuncia a llevar perfume y prefiere la piel limpia, aunque por supuesto creo que se está privando de un gran placer (abstemia, recuerden). Me gusta lo sencillo: la lavanda, el limón, el romero. Me apaciguan las colonias de familia en envase grande, las que yo llamo *de corte inglés:* Nenuco, Heno de Pravia, Álvarez Gómez. Me gustan los foros de *perfumeros,* coleccionistas enloquecidos que se pelean por detalles minúsculos e importantes.

Para acabar, tres nombres.

Jean-Claude Ellena nació en Grasse y trabajó de aprendiz en el turno de noche de Antoine Chiris. Allí amontonaba un jergón de musgo de roble y se sentaba a dormir encima de él, como en un cuentito de Perrault. Es el John Pawson de la perfumería, discreto y de un humor ligero.

Serge Lutens: un místico sin tonterías, austero en su vida y exuberante en su trabajo. A resguardo del mundo en su casa-museo-búnker de Marrakech. Con un don para bautizar per-

46. La traducción de Cortázar, publicada por Edhasa, es perfecta. Qué lagrimones al leer a Adriano hablar de Antínoo. Todo el que se haya enamorado de una belleza angelical y feroz (a qué están esperando si no) vivirá de nuevo esa travesía miserable y necesaria.

fumes (Five o'clock au gingembre, Dent de lait, Sa majesté la rose, La vierge de fer). «No soy un perfeccionista, solo busco la *justesse*.»

Frédéric Malle, sobrino de Louis Malle. No es un nariz, sino un hombre de negocios con una visión exquisita. En Éditions de Parfums ha reunido a los mejores: Edmond Roudnitska, Maurice Roucel, Olivia Giacobetti, Carlos Benaïm, Dominique Ropion.

La industria es hoy más agresiva y apresurada que nunca, se crean aromas a porrillo y el ruido es casi insoportable. Cuando muera la generación de estos tres virtuosos se impondrá otro modo de trabajar, más triste y expeditivo.

*

Admiro la elegancia insensata de editar.

Editar es, ante todo, decidir qué dejar fuera.

Editar es batallar contra lo inmediato. Asentar un criterio, acomodar y separar. Dejar abierto un camino. Cultivar la esperanza en forma de catálogo ordenado. Editar es defender.

El buen editor detecta los libros únicos, «aquellos en los que se reconoce que al autor le ha pasado algo, y ese algo ha terminado por depositarse en un escrito. Son libros que han corrido un alto riesgo de no llegar a ser nunca tales».[47]

*

Motivaciones para escribir: el Café de Flore recompensa al ganador de su premio literario con una invitación diaria –durante un año– a una copa de Pouilly-Fumé. La tradición la ins-

---

47. Roberto Calasso, *La marca del editor*, Anagrama, Barcelona, 2014, trad. de Edgardo Dobry.

tauró en 1994 Frédéric Beigbeder. También te recompensan con 6.000 euros, pero ilusiona mucho más lo de la copa. En realidad la retribución debería ser un asiento fijo siempre libre. La misma silla donde se sentaron Sartre, Camus o Huysmans, solo para el ganador. Si al llegar al café hay un bobo sentado en nuestro lugar, se le echa con un simple gesto de la cabeza.

Eadweard Muybridge: *Elefante caminando*, 1887.
The Metropolitan Museum of Art.

*

Los anillos de oro de las manos de Albert Serra. Me fascina su trabajo, y aún más él. Que viva de lo suyo, que esté al margen de la tontería barcelonesa, que no se muestre inmediatamente dispuesto a todo. Sus películas libres e irracionales, sus entrevistas con cara de póquer, su «metodología abrasiva». Solo me apena que se cachondee de Indiana Jones, personaje al que adoro. No hay otro cineasta de aquí –que yo sepa– que haya tenido un espacio propio en Cannes, la documenta de Kassel, el Pompidou y la Bienal de Venecia.

«El artista está dispuesto a llevar su arte hasta las últimas consecuencias. No hace concesiones. Si las hiciera, sería un artesano.»

*

Duré poco tiempo en Madrid. ¿Medio año, un poco más? No me acuerdo. Llegué para trabajar en una revista, pero mi madre enfermó y volví. En Madrid no tenía un duro, así que pasaba el rato en dos lugares complementarios y gratuitos: las tardes de entre semana en El Prado, el domingo en el Rastro.

Cuando ya habían pasado quince años y había olvidado muchos detalles de ese tiempo cayó en mis manos un libro que iba a convertirse en mi preferido de todos los que hablan de objetos: *El Rastro. Historia, teoría y práctica*, de Andrés Trapiello.[48]

Volví a recordarlo todo: los madrugones, la compañía inesperada que dan los desconocidos tan perdidos como tú, la infancia en un muñeco apoyado en una silla, las historias que uno se lleva a casa, el encanto de ese lugar «cochambroso pero con poesía y sutilezas». Al final, en el Rastro lo de menos son las cosas. Importan «los principios y las resurrecciones, el reencuentro. El sepulturero entierra, el rastrista exhuma». En el escaparate, el objeto reluciente acaba de nacer. En el Rastro trae consigo una huella humana. Trapiello recuerda las tres condiciones de Balzac para la búsqueda: tiempo de errabundo, piernas de ciervo y paciencia de israelita. «No hay nada tan humano como los trastos viejos, que se diferencian de la basura en que aquellos quieren permanecer entre nosotros.»

Allí constaté mi mezcla genética. Podría parecer, por nuestra inclinación tesorera, que a los catalanes debería gustarnos regatear, esa «partida de póquer con las reglas del mus». Pero no. El catalán quiere la contabilidad sin mareos y por triplicado. A mí, en cambio, me encanta esa coreografía cortés. No

48. Andres Trapiello, *El Rastro. Historia, teoría y práctica*, Destino, Barcelona, 2018.

soy competitiva; me da igual ganar o perder. Incluso me dejo engañar, si lo hacen con gracia. Sigo las normas: no preguntar con el objeto en la mano, no meterse en la puja de otro, no abusar de la paciencia.

Cuando me tocó vaciar la casa de cuatro plantas de mis padres pensé en otro de los conceptos que menciona Trapiello: «la diseminación, tan interesante como la unificación». Separar los objetos que vivieron juntos una vida, reagrupar otros que aún no se conocen pero que pueden llegar a ser amigos.

El Rastro es uno de los últimos lugares donde intuir un Madrid que va desapareciendo. Mariano Hormigas, vecino del barrio, recuerda los oficios de entonces: el tabernero, el mozo de cuerda, la cigarrera, el carbonero, la gallinejera y la sangrera (que vendía sangre frita), la modista de capas, los músicos ambulantes... Era el Madrid de las flores de los castaños, los churros ensartados en juncos del río Manzanares, el olor a barniz de los muebles irreparables que se quemaban en las fogatas al amanecer. Umbral dijo que el Rastro «nos da realizadas todas las metáforas surrealistas. Es el templo de las vanguardias, la catedral de los ismos». Gómez de la Serna, que también escribió un libro sobre el Rastro, dijo que «de la carambola de las cosas brota una verdad superior».

La mayoría de aquellas mañanas de domingo las pasaba sola, y siempre volvía a casa con algún objeto. Trapiello es mucho más afortunado: su acompañante durante muchos años fue (¿sigue siendo?) Juan Manuel Bonet, que habla de *trouvailles* y tiene esa muletilla cuando alguna oferta no le acaba de convencer: «No me erotiza.»

El Rastro: lugar sin certezas, como cualquier gran ciudad, como la vida misma. En 2004 perdí El Prado, perdí el Rastro, perdí Madrid, perdí a mi madre. Volví a Terrassa con una maleta llena de cacharrillos.

III. LUGARES

Mis padres compraron un apartamento en Calafell a principios de los setenta. El médico les había dicho que el mar le iría bien a mi hermano asmático. En ese pueblo tenía su casa el editor y escritor Carlos Barral. Sus amigos –Gil de Biedma, Castellet, Marsé– lo visitaban con frecuencia. También se encontraban en la taberna L'Espineta.[49]

Vivían justo delante de nosotros. La ventana de mi habitación daba al mar y a su jardín, centro social de la casa. A todas horas llegaban amigos. Si no estaba en la playa, me pasaba el día espiando. Con Barral tuve consanguinidad insectívora, no tan honorable como la familiar. Los mosquitos de sus pinos lo masacraban al atardecer, y a la noche venían a visitarnos por la ventana abierta.

Llevaba gorra de capitán, pelo largo y barba Lincoln, fu-

---

49. «Mi mujer Yvonne había fundado una taberna marinera (...) que se convirtió enseguida, sin que nadie se lo hubiera propuesto, en cita de raros y subversivos, en guarida de filósofos, con gran aprensión de las conformadas gentes del lugar. Espineta es el nombre de un guiso feroz, un matahambre que se hacía antiguamente con salazón de espina de atún, el más barato de los cocimientos pensables.» Carlos Barral, *Años de penitencia. Memorias I*, Tusquets, Barcelona, 1990.

maba tabaco en pipa. Flaquísimo, moreno, tenía la elegancia positiva del burgués desclasado. Trabajaba todo el día pero despreciaba la vida de hormiguita. Era el alcalde oficioso de Calafell. Ya tenía la mirada triste del que ve desaparecer su mundo a marchas forzadas. El lugar que él había conocido como un pueblo marinero pasó a ser una aberración urbanística. En los años veinte la flota pesquera tenía casi cien barcas de vela y remo. La cofradía había levantado la escuela pública, la biblioteca, la iglesia, el cine. La última embarcación de vela latina de Calafell (las otras pocas iban ya a motor) fue la *Francisca* de Magí Sicart. Eran los años cincuenta. La *Francisca* tuvo un desguace lento y penoso. El azar quiso que la varasen delante de la casa de Barral, como una *vanitas*. Cuenta él en sus memorias: «Un temporal de invierno la arrastró, dejándola escorada. Fue desnudándose progresivamente, perdiendo primero la obra muerta y luego la cubierta, arqueada como el lomo de un caballo. Después, poco a poco, el forro de las cuadernas, mostrando íntegramente el costillar. Y después nada.»[50]

Mis padres madrugaban para ir a comprar pescado a las barcas. Los acompañé alguna vez. Los cangrejos chiquitillos, escurridos de las redes, huían como podían entre los pies morenos de los curiosos. Me fijé en la distancia entre las embarcaciones y la orilla: una odisea para un cangrejo minúsculo. En la siguiente visita llevé conmigo el cubo de los castillos con arena y agua de mar. Cogí a los cangrejos con todo el cuidado de mis dedos torpes infantiles, los metí en el cubo y los dejé en la espuma de la orilla, que los vino a buscar.

*

50. *Ibid.*

Mi madre no sabía nadar, pero la primera vez que entré en el mar fue en sus brazos. Acurrucada entre su pecho y el sol tuve ese bautizo en el Mediterráneo. Años más tarde fue mi padre quien me enseñó a bracear, un lunes a las siete de la mañana, porque me daba vergüenza que me viese alguien.

No recuerdo el descubrimiento del mar. Mi corazón estuvo empadronado allí desde el principio. La extrañeza vino de la tierra adentro: el exceso de una avenida con rotondas, un centro comercial, un campo de fútbol.

Las horas más felices de mi vida fueron en Calafell. La gente *seria* visitaba la playa muy temprano y se recogía a eso de la una; la tarde era para los jóvenes, los grupos grandes con tortillas de patatas, los partidos de fútbol, los domingueros. En las mañanas playeras llegaban muy pronto mis padres con los periódicos, los matrimonios amigos y sus hijos, los vecinos de hamaca. Jugábamos en la orilla, hacíamos torres de la Sagrada Familia con chorretones de arena.

Las poquísimas tardes en que a mis padres les apetecía esa prórroga de sol solo existíamos ellos y yo. Todo estaba en su sitio. Hacía el muerto en silencio, esa soledad específica y total, y me giraba para mirarlos. Me aterrorizaba perderlos de vista.

Cada mediterráneo puede explicar una relación diferente con el mar. La mía es de afecto intermitente. Veranear siempre en el mismo lugar es un eco extraño. Ese anclaje de tres meses nunca se me hizo pesado, a pesar de revivir una y otra vez las mismas calles, las mismas caras, el mismo balcón. La aventura viajera tiene muy buena fama, pero un paisaje inmutable acompaña a un niño toda la vida. Las casas ya no son las mismas, el perfil de la playa ha cambiado, mis padres ya no están. Ese mundo vive solo dentro de mí.

La renuncia final es perdonarle al mar que él siga tan joven como en nuestra niñez, mientras nosotros perdemos vista y agilidad.

Moriz Jung: *Los jugadores de ajedrez*, 1911.
The Metropolitan Museum of Art.

*

En Calafell no conocí solo el mar, sino también el cine. El Iris era pequeño, coqueto como un tocador, con sillas rojas de terciopelo. Allí vi *Mujeres al borde de un ataque de nervios* con mi madre, mi tía y mis primas. Como éramos pequeñísimas y no entendíamos nada de valiums, chiítas, infidelidades y abogadas feministas nos pasamos la película corriendo por los pasillos. Había corrillos sentados en el suelo, comiendo bocadillos envueltos en papel albal, chicas sentadas en el regazo de amigas.

A pesar de ese desorden para mí el cine era cosa seria, porque no podía visitarlo tanto como quería. Era la merienda o el cine, los tebeos o el cine, los discos o el cine. El mismo dilema que la madre de Cabrera Infante presentaba a su hijo, que tituló así uno de sus libros: *Cine o sardina*.

Las bibliotecas son muy bellas, los museos y teatros también, pero el talento interiorista ha sido especialmente generoso con los cines. Las cortinas pesadas, las luces de aplique, el sonido acolchado, el bar con barra de caoba, los carteles pintados a mano en la entrada, el acomodador con uniforme y linterna. Esa solemnidad estética fijaba la experiencia en la memoria.

*

A los diecisiete años se hacen las cosas más impensables, y yo elegí estudiar Filología Inglesa. En la primera clase del curso, a las ocho de la mañana, en lugar de gramática o historia empezaron a degüello con la lingüística de Saussure, quizá a propósito para ahuyentar a los cobardes. Conmigo funcionó. Supe que mis lecturas no iban a ser suficientes para salvarme. Para aquellos estudios se necesitaba planeo de halcón, y mi anglofilia no pasaba de vuelo gallináceo.

Acabé ese curso con fiebres. Una pila de VHS al lado de la cama fue mi única distracción durante una semana. En pleno visionado ardiente del *Scarface* de Hawks tuve un delirio: ¿y si estudiase cine? En casa *estudiar cine* equivalía a fugarse con un abogado samoano, así que les convencí para elegir Comunicación Audiovisual, que exigía una nota de entrada altísima. Eso los tranquilizó. Es una carrera que no es ni chicha ni limoná; una especie de periodismo fenicio con mucha televisión y cine.

La facultad de la Pompeu Fabra estaba entonces al final de

las Ramblas —lo que los cursis llamarían un enclave privilegia-
do—, al lado del bar Cosmos, lleno de gente dejada de la mano
de Dios mil veces más interesante que cualquier nombre en
los libros. En la biblioteca había unas cabinas con una televisión para ver películas. Ahí cada uno elegía lo que quería, lo
que tenían en la filmoteca (Kiarostami, Lynch, Renoir, Minnelli, Angelopoulos, Argento, Herzog, Ray, Varda, Pasolini,
Malle, Vigo) o los VHS que uno traía prestados de amigos
aventajados (Franju, Barbara Rubin, Maya Deren, Straub-
Huillet, Jacques Becker, Wakamatsu, L'Herbier, Jancsó, Pia-
voli, Gordon Lewis).

Durante muchos meses vi tres películas al día, una dieta
insensata que no recomiendo, porque deja poco poso. He ido
ampliando gustos, pero mis preferidos se mantienen: Spiel-
berg, Buñuel, Kubrick, Visconti.

Aún faltaba mucho para que la corrección política lo toca-
se todo con sus manos aceitosas. Veíamos salvajadas con la
mayor naturalidad. ¿Tenían aquellas películas una *hidden
agenda*? Nos importaba un pito. El horizonte se ha ido estre-
chando. Cada producto cultural hoy va acompañado de un
dudoso análisis ideológico, paralelo al estético. Se prohíbe la
acción, la palabra, pero los problemas de fondo siguen, porque son los problemas de la misma naturaleza humana.

*

A los cinéfilos nos gustan los hoteles. Nada nos hace más
felices que llegar a la recepción, apoyar el bolso de viaje en el
suelo (jamás un impertinente *trolley*)[51] y presentarnos flaman-

---

51. Lo sé; Umberto Eco dejó dicho que la rueda es un invento que
—como la cuchara, el martillo o el libro— no se puede mejorar. Me da igual.
Prefiero la bolsa al hombro, déjenme tranquila con mi escoliosis. Cualquier

tes con una sonrisa, como Poirot al inicio de un misterio. En cuanto uno entra en un hotel empieza a actuar diferente. Como un teatro de lo humano reducido a escala, todas las idiosincrasias confluyen allí. Los lazos temporales, las decepciones, la soledad y el tiempo circular. Sin acumulación de recuerdos se puede empezar de cero cada vez. Cada mañana todo reaparece bien puesto en su lugar. El desorden de una habitación es, dice Baricco, «una huella bellísima, y es una lástima que quienes la lean y la borren sean camareras aburridas, con el corazón en otra parte».[52]

Los hoteles son ciudades, y por eso impresiona la visita a los de más envergadura: el Plaza de Nueva York, el Ritz parisino, el proustiano Grand Hôtel Cabourg, el Fife Arms en los Cairngorms, Il Pellicano en Porto Ercole, el Claridge's. Pero los mejores recuerdos los tengo de lugares más personales: el Landa en Burgos (donde hicimos una entrada navideña en plano secuencia como el de *Uno de los nuestros),* el taurino Wellington en Madrid o el patio con limoneros del Palácio Belmonte en Lisboa.

Me gustan los hoteles antiguos, con modales antiguos, con decoración antigua, sin pretensión alguna de unirse a las modas. Lugares donde lo entienda todo sin manual de instrucciones, sin tener que luchar contra los interruptores. Hoteles donde nuestros padres se sentirían cómodos. Sin música, con piscina de agua salada, puertas con llave pesada, mar de fondo a poder ser.

Amo los hoteles por contraste; porque tengo un hogar querido al que volver. Si uno va de hotel en hotel como un

---

cosa menos arrastrar un artefacto que con su ruido nos anuncia desde lejos. La llegada a cualquier lugar siempre ha de ser discreta.

52. Alessandro Baricco, *Esta historia,* Anagrama, Barcelona, 2007, trad. de Xavier González Rovira.

pinball sin afecto, poco importan las flores frescas, el salón de té, la chimenea. Al contrario; el cuidado del detalle, la atención y los ritos recordarán al huésped su desamparo.

John Bradley: *Emma Homan* (detalle), 1844.
The Metropolitan Museum of Art.

*

Para definir a Dios tomo prestadas las palabras del poeta Muñoz Rojas: «Silencio que se hace grande sobre el campo.» En ese mismo campo, en primavera, hay que estar atento «para no perder tanta anunciación, tanto nacimiento, tanta esperanza». La Andalucía de Muñoz Rojas no es la Andalucía jaranera. Es la Andalucía del olivo impasible, la de la relación íntima con el paisaje: «A fuerza de pasar los ojos sobre este campo, lo vamos conociendo como el cuerpo de una enamorada, distinguimos todas sus señales.»

*

La revista para la que trabajo me manda a Reggio Emilia. Un conductor me recoge en Milán. Por el camino nos explicamos la vida en un idioma inventado. Me deja en el lugar. Cuando acabo la entrevista es la hora de la sobremesa veraniega. En el pueblo hay algún tipo de fiesta mayor, pero las calles están en silencio, todo el mundo está cogiendo fuerzas para la noche. Charlamos mientras comemos en la sombra un cucurucho de helado, apoyados en el coche. Tiempo lento. Pasa un cura en bicicleta.

*

Un libro que me gustaría leer (no sé si ya existe): un ensayo acerca de cómo los niños bautizan sus lugares del día a día, bien porque no saben su denominación real o porque prefieren una toponimia propia. Con mis amigos del colegio acordábamos nombres secretos para que los adultos no supieran de qué hablábamos. Era una cartografía frágil pero efectiva.

*

La vocación funciona como esos caminos improvisados que aparecen en el bosque, atajando rutas establecidas. Son arrogantes y prácticos, puro diseño intuitivo. Se les llama caminos del deseo; en inglés, *desire paths.* El oficio que heredamos de nuestros padres o lo que estudiamos marca una ruta, pero el tiempo (y el azar) va dibujando trayectorias que nos llevan a otro lugar al que ni siquiera sabíamos que queríamos ir.

*

Que las plantas importan, y mucho –a quienes viven rodeados de ellas, aún más–, lo demuestra el hecho de que una
especie tenga decenas de apodos diferentes según el territorio.
Cuando algo te intriga, te afanas en ponerle nombre. Un televisor siempre es un televisor, pero la caléndula *(Calendula
arvensis)* es también la flamenquilla, el cuidaíto, la flor de
muertos, la hierba lavamanos, la maravilla silvestre, la pata
gallina...

La veterinaria de campo y escritora María Sánchez recupe-
ra en *Almáciga*[53] términos, expresiones y acentos del medio
rural en riesgo de desaparecer. «El campo tiene una manera de
hablar única que hermana territorio, personas y animales. Palabras que se han transmitido de generación en generación,
sobreviviendo a pesar del tiempo gracias a las manos, los oficios, las reuniones en torno a la lumbre, los encuentros por las
calles, las sillas al fresco...»

La vida en el campo está llena de contrastes. La dureza de
las tareas frente a la sutileza de las señales (en el comportamiento de los animales, el clima, la tierra). La comunicación necesaria entre los eslabones del día a día, que convive con lo nunca
hablado. Un paisaje que parece no cambiar nunca, pero que es
a la vez una incertidumbre diaria. La fe necesaria para que todo
salga adelante y la reticencia a creer en la suerte.

El campo no puede convertirse en la religión pagana del
siglo XXI, no le podemos pedir que sea un paraíso perdido. En

53. Publicado por GeoPlaneta en 2020, con ilustraciones de Cristina
Jiménez. Nieta e hija de veterinarios, Sánchez comparte su experiencia en
Cuaderno de campo, La Bella Varsovia, Madrid, 2017, y *Tierra de mujeres,*
Seix Barral, Barcelona, 2019. El vivero colaborativo de palabras sigue cons-
truyéndose en almaciga.es.

Vidas a la intemperie, Marc Badal advierte del peligro urbanita de experimentar el campo como decorado. Hay una mirada trucada y normativa de lo que es «relevante y memorable» de la vida rural.[54] Lo otro queda barrido bajo la alfombra. El desengaño suele ser proporcional a la ilusión si se busca una naturaleza domada y afable y se encuentra una realidad inclemente.

*

En los barrios de las grandes ciudades podían encontrarse hasta hace no tanto huertos, vaquerías, viñas enanas, gallinas criadas en familia. En Terrassa yo acompañaba a mi madre a dejar el pan duro en casa de la señora Antonia, una vecina que llevaba zapatillas Victoria y criaba conejos. Mientras ellas hablaban, paseaba por el patio y miraba los gazapos en la jaula haciendo piña con los ojos cerrados. Olía a heno y pelo caliente.

A veces pasábamos solo a saludar, pero otras comprábamos un conejo para comer esa semana. A mí me entraban todos los males, pero no decía nada. Me daba la vuelta, con la mano cogida fuerte a la de mi madre. Nunca vi el proceder de la señora Antonia, pero era rápida y delicada. Mientras despellejaba al animal yo seguía de espaldas, y a veces veía un hilo de sangre ir hacia el desagüe.

La gran conversación entre naturaleza y hombre se ha roto, ya solo hablamos entre nosotros.

*

54. Marc Badal, *Vidas a la intemperie,* Pepitas de Calabaza, Logroño, 2017.

Cuanto más se observa y conoce la naturaleza, más se la quiere proteger. Aparece una inquietud terrible por la posibilidad de que aquello pueda desaparecer algún día. Rachel Carson habla de ese asombro similar a una pasión amorosa, por lo irracional. También de su reverso: el desapego de la naturaleza, lo irrelevantes que le resultamos.

Esa experiencia admirativa se puede tener cada mañana en el jardín de casa, pero como soy una cateta tuve que ir hasta Egipto para vivirla. Era de noche y estaba tumbada en una hamaca de la cubierta del barco que bajaba el Nilo. No había luz alrededor y en el cielo no cabía una estrella más. No he vuelto a ver nada igual. En vez de disfrutarlo, me puse tristísima y ansiosa. Esa visión abrumadora me hizo pensar en mi familia. Me convencí de que a mi padre (entonces enfermo) le había pasado algo, y de que estando tan lejos no me podrían avisar. Sentí que se me escapaba entre los dedos la belleza, lamenté lo ridículo de plantarme en la otra punta del mundo para molestar a los pobres egipcios. Al rato me calmé. Mi novio de entonces, ajeno a mi tormento, seguía bailando la conga en la fiesta del comedor, vestido con un caftán de señora.

En los viajes apartamos de la mirada el velo de la costumbre y entramos en otros modos de relación y participación. Cada paisaje desconocido ayuda a blindar el sentido del asombro, la única vacuna contra el aburrimiento conforme pasan los años.

*

En otras ciudades uno hace un poco lo que puede, pero pobre del que vaya a vivir a París y no se vuelva un poco parisino. Será repudiado radicalmente.

Auguste Rosalie Bisson: *Cima del Mont Blanc fotografiada por primera vez*, 1861. The Metropolitan Museum of Art.

*

De entre todos los clientes tiranos que tienen los arquitectos, hay al menos unos sin maldad: los gatos. En Berna y otras ciudades suizas existen en algunos edificios unas estructuras externas creadas para el subir y bajar de los felinos, que, como se sabe, son cotillas e independientes. Las escaleras tienen pinta de andamiajes improbables, pero funcionan. Mi mirada del sur de Europa lo primero que piensa es: ¿no ayuda eso al acceso de los ladrones? Parece que no. Su delicadeza —no aguantarían el peso humano— y su abstracción no las hacen inmediatamente evidentes.

Para los amantes de la arquitectura gatuna absurda (culpable), la biblia es *Arcatecture. Swiss Cat Ladders,* de Brigitte Schuster. Lo pequeño —las ocasionales fugas felinas— como excusa para hablar de lo grande: la importancia de que todos los miembros de una casa sientan que tienen una escapatoria.

*

Árbol elegante: el lahuán o alerce patagónico *(Fitzroya cupressoides),*[55] con su talle erguido como un cirio y esa ambición de claridad; crece hasta sesenta metros buscando luz. Los botánicos no hablan de su tronco, sino de su manifiesto, por la cantidad de historias que caben en él. Puede vivir hasta tres mil años, y tiene la mirada de piedad del anciano. Por alguna razón poética, solo está a gusto en los extremos de la Tierra; el archipiélago japonés, el Himalaya, Alaska y sobre todo la Patagonia. Para colmo de perfección, huele bien: en Chiloé su resina se usaba como incienso. Los nuevos ricos se empeñan en tener un alerce en un terreno pequeño. Imposible, responde el jardinero con secreta satisfacción. Como pedir un galeón para una palangana.

Mi recuerdo más querido con ese linaje patricio que son las coníferas (pinos, cedros, abetos, cipreses, araucarias...) se remonta a un verano en el que hicimos un trayecto en coche desde San Francisco hasta la Columbia Británica. Por delante teníamos el parque natural de Humboldt Redwoods y la carretera

55. El género *Fitzroya* toma el nombre del capitán Robert FitzRoy (1805-1865), comandante del *HMS Beagle* durante la travesía de Darwin alrededor del mundo. Como buen inglés, era un meteorólogo nato.

estatal californiana que lo atraviesa, bautizada líricamente como la Avenue of the Giants, con el bosque de secuoyas costeras más grande del mundo. Hicimos el camino solos, en una carretera plana con pocas curvas. Avanzamos entre la sombra verde y el silencio, acompañados por la presencia de las secuoyas (casi cien metros: un edificio de treinta pisos) y los abetos Douglas, tan lynchianos. La presencia de las secuoyas era tan rotunda como la de un tribunal de académicos. Observamos los troncos sin tocar nada, tratándolos de usted. Los árboles se tuteaban entre ellos y nos miraban con la paciencia indiferente de la naturaleza.

Aparcamos el coche y ni siquiera intentamos hacer fotos. Nada hacía justicia a la mirada vertical y el olor fresco. Estábamos apenas a cien kilómetros del 7-Eleven más próximo, pero nunca me había sentido tan a salvo de la fealdad de la civilización. No hablábamos entre nosotros. Yo vigilaba las inmediaciones, imaginaba a un oso saliendo entre la maleza y devorando a mi novio. Quienes no conducimos debemos velar por esas contingencias.

*

Disfruto los ensayos sobre naturaleza, especialmente los de autores norteamericanos: Perkins Marsh, Emerson, Thoreau, John Muir y su defensa de Yosemite, Barry Lopez o Gary Snyder, uno de los vagabundos del Dharma de Kerouac. Snyder tiene un ensayo muy bello, «Gramática parda», en el que habla del lenguaje de la naturaleza: la estratigrafía de las rocas, las capas de polen en una marisma, los anillos en el tronco, la caligrafía de los ríos, «todo es texto, información almacenada a través del tiempo».[56]

56. En *La práctica de lo salvaje,* Varasek Ediciones, Madrid, 2016, trad. de Ignacio Fernández Rocafort.

Otra subespecie ecologista que solo depara alegrías es la del activismo jardinero.[57] Siempre existió, pero se volvió especialmente intenso durante la industrialización, cuando la única moneda de cambio era el rendimiento. El jardín es la antítesis de la fábrica: no da dinero (de hecho, se lo come), consume espacio, energía y tiempo, y está sometido al azar. No es extraño que los románticos y los rebeldes –de acción, no de boquilla– se hayan refugiado en los jardines. Cuidar un trozo de tierra es una forma pura de nostalgia, un gesto de elegancia instintiva: se custodia algo que raramente perdurará. Donde hoy florecen rosales, romero y madreselva en unas décadas podría haber (horror) un Starbucks con patinetes en la puerta.

*

Donde hay jardín hay cultura. Hablo de jardines espontáneos, caóticos y honestos, no del dueño que lo quiere todo para ya: árboles crecidos, simetrías gratuitas, césped abyecto, plagas a raya. El jardín es suciedad, paciencia, fracasos y problemas constantes, todo lo que el caprichoso no quiere ni oler.

Me gusta la definición de jardín del antropólogo y filósofo Santiago Beruete,[58] que lo ve como una sofisticada creación intelectual. «Ver crecer lo que plantamos es una de las fuentes de gozo más genuinas. Se podría decir de la experiencia del jardín lo que Epicuro escribió de la filosofía: contribuye a la

---

57. Aquí caben los que lo ejercieron (William Robinson, Gertrude Jekyll, Beth Chatto, Éric Lenoir, Fernando Caruncho...) y quienes escribieron o filmaron sobre ello (Christopher Lloyd, Marco Martella, Hope Jahren, Derek Jarman, Mario Satz, Vandana Shiva, Paul Wright...).

58. Autor de los imprescindibles *Jardinosofía* (2016) y *Verdolatría* (2018), ambos editados por Turner.

salud del cuerpo y del alma. Además, los valores implícitos en la creación y cuidado de un jardín –paciencia, humildad, tesón, confianza– inducen a otras formas de compromiso con la tierra y la sociedad.»

Mi jardinero preferido es uno muy poco ortodoxo. El escritor Umberto Pasti conoció el nombre de Rohuna –norte de Marruecos– en 1998. Por uno de esos misterios administrativos que hay que agradecer, la aldea no aparece en los mapas. El escritor llegó allí después de una larga caminata y se quedó dormido a la sombra de una higuera. Al fondo, el Atlántico. Despertó y pensó: este es el lugar perfecto para un jardín, este es mi lugar. Siguieron los imprescindibles meses de rapto, ese ímpetu que permite acometer una empresa así, el arrebato que divide tu existencia –antes y después de– con un tajo.

Los *adul* (notarios) de la región lo tomaron por loco. La burocracia para un rincón del mundo sin acceso por carretera, sin agua y sin electricidad fue el primer examen de perseverancia. Donde antes había un paisaje agreste de rocas, cardos y árboles escasos hoy hay un arca de Noé de especies autóctonas; heliantemos, tomillo, madroños, arrayanes, gladiolos, perales, membrillos, granados. Pasti no solo cuida de las plantas, sino que –como Gilles Clément– también vigila a los animalillos que viven allí; los sapos, los escarabajos, las libélulas, las serpientes.

Cuando la construcción de alguna carretera o urbanización está a punto de destruir flora local, este escritor recibe el chivatazo, la rescata y la trasplanta a Rohuna. La idea del jardín *puestecito* le repugna: para él, aquel paisaje es mucho más que un lugar, es un estado místico. «Si por un momento, Dios no lo quiera, priorizase la estética y concibiera una naturaleza refinada y sometida..., bueno, entonces merecería perder este trozo de tierra.»

Pasti es pura elegancia involuntaria: desde que se levanta,

todo lo que hace es de verdad. Sus acciones no solo no dañan a nadie, sino que ayudan a mucha gente. Es imprescindible que él aparezca en estas páginas que son, ante todo, una carta de amor a todo aquel que va a la suya.

*

Del jardín de la casa de mi adolescencia recuerdo tres cosas: ir a buscar hojas del laurel para cocinar, el olor del jazmín al regar de noche (ese rato a solas es otra forma de meditación) y un sauce llorón que se plantó por cabezonería –y que, como casi todas las cabezonerías, se pagó cara–. Cuando a la mañana abría la ventana de mi habitación el árbol era el primero en darme los buenos días, como deben darse los buenos días: en silencio, sin agobios, con espacio.

Pasaron años. El sauce estaba pletórico. En una de las podas anuales el jardinero nos dijo que por prudencia había que talar. Las raíces iban a destrozar las cañerías y los cimientos. Mi madre, muy aprensiva, debió imaginar el calamar gigante de Verne izando su hogar en el aire. Al momento se llamó a un servicio.

Me declaré en huelga. Telefoneé al Ayuntamiento de la ciudad, a varios viveros, a un amigo arquitecto. Todos me decían lo mismo: transplantarlo es demasiado lío, es demasiado caro. Mientras tanto, ya con la fecha de ejecución en el calendario, cada mañana de viento veía esa caída de la rama tan sentida del sauce.[59] Me moría de pena.

El día de la tala no quise estar en casa. Esa noche, al volver, no pasé por el jardín, ni los días siguientes abrí la persiana de mi habitación. Retiré la palabra a mis padres durante un

59. En catalán el *Salix babylonica* tiene un nombre gráfico y delicado: *desmai* (desmayo).

mes o más. Cuando ya creían que se me había pasado, una mañana de sábado los vi con la guardia baja y solté mi maldición zíngara: «Ese árbol se plantó cuando llegamos aquí, y su muerte ha sido un error vuestro. Debisteis elegir mejor. Era el símbolo de nuestra familia, y al cortarlo nos habéis condenado.» Ahí se lió. Mi madre (recordemos: aprensiva) sintió la afrenta como un auto de fe de la Inquisición. Su cara mostraba el horror y las llamas en el fondo de los ojos. Mi padre, más práctico, intentó darme un tortazo, pero esquivé la ofensiva.

El drama aún se alargó medio año. Mi hermano se mudó de casa (aunque esto fue más bien ley de vida), mi padre enfermó y mi madre vivió solo dos años más. Sigo acordándome del sauce.

Vilhelm Hammershøi: *Luz de la luna en Strandgade 30*, 1901.
The Metropolitan Museum of Art.

*

143

Si la felicidad es sentirse comprendido, en pocos lugares me he sentido más comprendida que en Japón.

Me gusta exactamente lo mismo que a ellos: los tubérculos raros, los pastelitos, la ornitología, las Clarks Wallabees, las cubetas de singles de northern soul remoto, la anticipación, los animalines rechonchos, los trenes viejos, la montaña, The North Face, el *tweed,* lo *oversize,* el respeto a los operarios. Y esa amabilidad bizca de tener siempre un ojo a la tuya y el otro atento al de al lado.

En Japón concluyen un trabajo y lo someten a una valoración moral final. Aquí nos regimos por la fecha de entrega, la lista terminada. Si está hecho, es suficiente. La reflexión sobre *cómo* ha sido hecho nos parece una pérdida de tiempo.

Allí, todo lo que se exhibe deja de ser hermoso. La belleza hay que captarla de pasada, y como sin querer.

*

En 1934 se celebró en Barcelona un encuentro internacional presidido por una de esas asociaciones a las que uno quiere pertenecer inmediatamente: la Sociedad Protectora del Canario. Fue en el Hivernacle de la Ciutadella, edificio vecino de un elegante de hierro y madera, el Umbracle.

El Parc de la Ciutadella albergaba en aquel entonces citas interesantes: muestras de setas, exposiciones de orquídeas, la ya citada bacanal ornitológica. En un paseo matinal por allí se comprueba que hemos ido a menos. La involución aparece de modo literal en esos grupos vestidos de Decathlon que practican la religión del crossfit a cuatro patas.

Pero yo quería hablarles de la sombra, y se me ha ido el santo al cielo.

Que un bellísimo edificio dedicado a ella –el Umbracle– esté en un estado ruinoso dice mucho de mi ciudad, y de lo incomprendida que sigue estando la penumbra en este país. El español ya no es tan católico como antes, pero sigue creyendo en el sol. Tendidos bajo el calor sentimos el mismo placer que sentía el hombre primitivo, que creyó ver su alma en la propia sombra. Empapados de luz nos sentimos inmunes al dolor. Va llegando un sopor espeso, un paraíso se adentra poro a poro por el cuerpo. Recordamos el sol de la infancia.

Amo el mar, pero me aburre la playa. Solo me gustan los dos minutos siguientes al salir del baño, con el corazón bombeando fuerte después de nadar y la piel secándose. Luego no sé qué hacer. No se puede leer. No encuentro la postura. Me siento ridícula tendida en la arena.

La imaginación se estimula mediante la luz tenue. Oscar Tusquets siente debilidad por las sombras «de mayor finura y calidad», las de los árboles. «Tan mágica es la sombra verdosa de un castaño de Indias como la vibración plateada de los chopos.» También habla de la convivencia bajo los emparrados y las pérgolas, de las más pudientes a las levantadas «con finísimos y oxidados perfiles de hierro y unos alambres, o incluso cordeles, en la terraza de cualquier isla mediterránea».[60]

Otro de los defensores de la pérgola como «ombligo fraternal de la casa» es Xavier Febrés: «Es una de las expresiones más depuradas de la hospitalidad (...), un entramado incapaz de cuadricular lo que fluye, una confluencia feliz entre naturaleza y cultura. Estoy convencido de que las cosas auténticamente importantes se deciden bajo una pérgola, una parra o un cañizo. Lo demás son reuniones.»

Mi recuerdo de sobremesa bajo la parra es en el jardín de la casa de unos amigos, en Florencia. Tenían adoptado un cerdo, un cerdo enorme que a mí me aterraba. Se llamaba Baco y

60. Oscar Tusquets Blanca, *Más que discutible*, Tusquets, Barcelona, 1994.

se sentó cerca de mí mientras yo comía higos. Le tiraba los rabillos con un poco de pulpa, y se los comía como un loco. Al final nos hicimos medio amigos.

El gran alegato a favor de la sombra lo firmó Junichirō Tanizaki en un ensayo breve[61] del que seguramente su autor no esperaba mucho al escribirlo en 1933, y que sin embargo sigue fascinando hoy al europeo que ojea *Monocle*. El libro no podía haber tomado forma sino en la mente de un japonés, educado en una sociedad que defiende «el matiz, lo sutil, esos aspectos que enriquecen y dan interés, frente a la obviedad occidental provocada por el exceso de luz, la modernización imparable y la practicidad, que al hacer las cosas tan obvias las convierte en estridentes». Qué ridículos debía imaginar Tanizaki a los occidentales, frotando ansiosamente la plata para sacarle brillo y borrar cualquier pátina, «mientras que a nosotros nos horroriza todo lo que resplandece de esa manera. (...) Nos gusta ver cómo se va oscureciendo una superficie y cómo, con el tiempo, se ennegrece del todo».

En un paralelismo lógico, el cine japonés –el de Ozu, por ejemplo– está lleno de silencios, pausas y susurros, los equivalentes sonoros del sombreado.

*

Los primeros viajes de enamorados son muy agradables, pero los siguientes son aún mejores. No por esa vulgaridad que es la certidumbre, sino porque el humor va ganando terreno.

61. *Elogio de la sombra* llegó en 2021 a su 43.ª edición en la editorial Siruela (en trad. de Julia Escobar). Una vez intentaron ligar conmigo esgrimiendo torpemente esa lectura, como diciendo: soy un tipo culto y sensible. Pobre Tanizaki.

Así como yo aguanto conversaciones erráticas con pesados como una especie de desafío intelectual, Ignasi (mi paciente novio) se queda mudo, malhumorado y absolutamente aburrido. Cuando nos libramos del latoso en cuestión, vuelve a ser él: espontáneo y biológico, siempre con hambre –como yo–, lleno de curiosidad.

Es un misterio por qué nos llama la atención una cosa y no otra, y cómo es imposible sacudirse esa atracción malsana, y el regalo que supone encontrar a alguien con quien compartirla. Hay personas para quienes resultamos un enigma, pero otras nos leen al segundo. Cuando con Ignasi entramos en un lugar con mucha gente sé que él se fijará en los gordos; en los cojos, que le obsesionan; en el padre de familia con los pantalones en el sobaco; en el señor al que le falta una falange. Los ama, y yo los amo porque los veo a través de su mirada. Advertimos los mismos rasgos, que para nosotros son cualidades. Es un idioma visual con solo dos hablantes en el mundo.

*

Cada verano de mi primera juventud (ahora estoy viviendo mi esplendorosa segunda juventud, que haré durar hasta los sesenta mínimo) abría el mapa de Europa, elegía al azar una ciudad pequeña y alquilaba allí un piso un mes entero. Uno de los mejores viajes fue el de Somerset. Mi casera de Bath trabajaba desde casa en el piso anexo. Llevaba uno de esos micrófonos de controlador aéreo. Su tarea implicaba despedir a gente y comunicarles el protocolo posterior. Un cese tras otro, ocho horas al día. Era una labor ingrata que ella llevaba a cabo con gran placer. Después, cuando se aburría, me llamaba por teléfono y me decía: ¿vamos a ver ciervos? Cargábamos el coche con los chubasqueros, los prismáticos y algo de comer, y salíamos al campo. Mi ropa le gustaba mucho.

No eran esos halagos astutos de los británicos: parecía estar genuinamente fascinada con mi equipaje de verano. Pensé que en una de esas excursiones me apuñalaría y lanzaría por un barranco, solo para quedarse con los vestidos de Sybilla.

La mayor parte del tiempo paseé sola por la ciudad. Visitaba las termas romanas. Mariposeaba todo el día para ver si me encontraba con Manolo Blahnik, que vive en Bath. Visitaba el Royal Crescent georgiano; en el parque de delante tuve un flechazo diría que correspondido, pero no supe leer bien la situación.

Elegí esa ciudad porque fue donde Zweig se despidió de Europa. Salió de paseo una noche para «echar una última mirada a la paz», y partió hacia el exilio.

Edgar Degas: *Bailarín ruso* (detalle), 1899.
The Metropolitan Museum of Art.

Portugal: una de esas cosas –como Paul Verhoeven, los torreznos o los chuchos sin raza– que sirven para distinguir al afín. ¿A usted no le gusta Portugal? ¡No pasa nada! (Lo aparta a un lado con una patada discreta.) Lo mediterráneo me remite a la familia y al placer, pero puede hacerse pesadito de tan intenso. Mi medida ideal es ser mediterránea una hora al día y atlántica el resto de la jornada. Sosez, velocidad aminorada, reserva. No hay que compartirlo todo, por Dios.

Otro de esos veranos juveniles fue en Porto. Alquilé el piso en un edificio setentero modesto y oscuro, con suelo de terrazo y olor a comida casera al mediodía. Allí seguía siempre la misma rutina: paseo por la mañana, siesta, compra en el mercado por la tarde. Por la noche (odio salir de noche) me ponía *realities* norteamericanos. Me enganché a *Hoarders,* enfermos de diógenes con toneladas de trastos en casa.

Me gusta viajar con una sola misión, las listas largas son deprimentes. Mi estancia en Porto respondía a un único objetivo: visitar las piscinas de Siza Vieira en Leça da Palmeira. Hay tantas cosas interesantes ahí fuera que mi único criterio para saber si me gustan de verdad es si me desplazaría expresamente para verlas. Con un solo clic uno recibe en la puerta de casa los antojos más impensados, pero por suerte el arte, los restaurantes y los edificios obligan a levantarse del sofá. ¿Viajar para Bernini, Gaudí, Le Corbusier, Wright, Bofill, Kahn, Barragán, Scarpa, Loos? Sí.

Como no conduzco, no fue fácil llegar hasta las piscinas. Después de mil vueltas, en el último tramo me cogió una taxista. Al pasar un puente levadizo se activó el semáforo rojo, y pasamos a toda prisa mientras ella susurraba al coche de delante *«rapidinho, rapidinho».* La adoré.

Llegué a las piscinas. Poca gente. Viento. El Atlántico estaba de ese color gris oscuro que a los mediterráneos nos pone los pelos de punta. Los vestuarios, con un tragaluz breve, eran una liturgia de penumbra y madera. Me cambié sola. Las familias —más madrugadoras y listas que yo— se habían hecho parapetos con sillas y sombrillas. Apenas llevaba conmigo una toalla de baño pequeña. Me sentí sola como la una. Me puse a escuchar «Mirando al mar», de Jorge Sepúlveda, y me dio una llorera terrible. Me tumbé boca abajo para disimular. También escuché enterito el *If You're Feeling Sinister,* para acabar de restregarme en mi miseria.

Por la tarde fui a la vecina Casa de Chá da Boa Nova, un Siza de aire más Aalto, con toda esa madera maravillosa. Mismo olor a yodo, viento sin piedad, el abrazo de la roca, la ausencia de trucos baratos, el regalo de un océano enmarcado para el visitante.

*

Me maravillan los trayectos continentales del Trans-Europe Express (1957-1995): trenes sofisticados, *streamlineados* con amor, creados para presumir. Solo primera clase: si quieres vivirlo, apoquina.

«Rendezvous on Champs-Élysées / Leave Paris in the morning with TEE», recitaban maquinalmente los Kraftwerk. ¡Qué intriga en ese momento de subir el peldaño hacia tu vagón! Velocidades sensatas, culto obsesivo por el detalle, viajeros enigmáticos. Y los nombres sensacionales de los trenes: *Edelweiss* (Ámsterdam-Zúrich), *L'Arbalète* (París-Zúrich), Parsifal (París-Hamburgo), *Prinz Eugen* (Bremen-Viena) o mi preferido, el *Étoile du Nord*[62] (París-Ámsterdam).

62. ¿No es un nombre bellísimo? Es un libro entero. Fue bautizado así no solo porque iba efectivamente hacia el norte de Europa, sino por

150

En cuanto me acomodo en el tren, incluso en uno de esos viejos engendros de Renfe, aparece inmediatamente en mí un aire de satisfacción ferroviaria. El paisaje impresionista y el carisma de este modo de transporte nunca se han explicado mejor que en el *Orient Express* de Mauricio Wiesenthal,[63] un hombre a quien yo he pedido matrimonio unas quince veces, sin éxito.

Si hay alguien en este continente con ojo para la elegancia –la manifiesta y la recóndita–, ese es Wiesenthal. Sus escritos sobre Europa son el compendio perfecto de una sensibilidad que se ha ido esfumando. La atención, el respeto a «los que fueron más grandes que nosotros», la disposición laboriosa. Con el nacimiento del tren en el XIX quedó atrás la hora solar y nació la exactitud, el minuto dorado, la importancia de ser puntual. Lo más bello de un tren es invisible y pide tiempo. El *clackety-clack* que acompaña y acuna. La emoción inocente de irse a dormir en un país y levantarse en otro. Las conversaciones de impresiones, no de opiniones.

El *Orient Express:* fuera, la larga nube de humo, hollín y olor a mar. Dentro, escribe Wiesenthal, *boiseries* de caoba recién enceradas, asientos de terciopelo, camas con mantas de lana inglesa, pastelería vienesa. «Los vinos se elegían según el recorrido: un Chablis, un Corton o un Montrachet en Dijon; un Schloss Johannisberg en Karlsruhe, un Valpolicella en Venecia...»

*

uno de sus operadores originales, la compañía de transportes Chemins de Fer du Nord, del barón de Rothschild.

63. Mauricio Wiesenthal, *Orient Express. El tren de Europa*, Acantilado, Barcelona, 2020.

La casa más bonita del mundo es La Fábrica de Ricardo Bofill, en Sant Just Desvern. Esto es así, y no hay más, y quien quiera discutirlo se las verá con mis 45 kilos de puro músculo. Allá al fondo veo una mano. ¿Qué? ¿La Casa Malaparte, dice? Sí, muy bella, pero lo que allí es ensoñación y soledad melodramática en La Fábrica es lujuria y vigor. A mí me tira más Bofill.

Tuve la suerte de visitarla hace unos años. Con cautela, porque no es una casa apta para tímidos. Esa residencia («monumental y doméstica», la definió él) es un manifiesto sobre la libertad personal. He ahí alguien que vivió exactamente como quiso, y que pagó un alto precio por ello. Ni rastro de complejos, imitaciones o postizos.

Nací en Terrassa y vi el canto del cisne de la industria textil, la transformación de las fábricas de vapor y las colonias industriales en reliquias turísticas, aparcamientos o pisos. Se le borraba a la factoría su carácter, su historia, su orgullo. Bofill supo respetar esa altivez, y por eso el resultado es fantástico. Entendió que una fábrica es un lugar ambiguo; ha amparado desgracias y fortunas, y no puede borrarse de un plumazo esa memoria.

Todos los arquitectos son un poco arqueólogos, y cuando llegaron allí en 1973 debió de ser muy excitante descubrir silos, chimeneas, depósitos, tolvas, cuatro kilómetros de galerías subterráneas, salas de máquinas, escaleras descarriadas. Un amigo que admira a Bofill tanto como yo dice con humor que es una guarida de supervillano de Bond, y entiendo a qué se refiere: un lugar donde alguien *larger-than-life* huye de la vulgaridad. «Tengo la impresión de vivir en un universo cerrado que me protege del mundo exterior y del día a día. Aquí la vida transcurre como una secuencia continua, con muy poca diferencia entre el trabajo y el ocio.»

Después de una visita así (estuvimos horas) uno debería estar agotado, pero salí de La Fábrica con ganas de trabajar y hacer algo grande. Con ansia de escribir, de dar una fiesta, de flirtear, de estrenar zapatos, de tener conversaciones pendientes. No se me ocurre mejor prueba de que aquel es un gran lugar.

*

Una condición que le pongo a todas las casas donde he vivido: que tengan un mercado de abastos cerca. Me gustan por el mismo motivo que me gustan los caravasares, aquellas edificaciones en las rutas comerciales –la de la seda, por ejemplo– donde se encontraban viajeros, mercaderes y peregrinos para intercambiar objetos y compartir historias.

Relaciono el hambre con las ganas de vivir, y nada despierta más la alegría que el paseo por un mercado bien pertrechado, con sus simetrías y su festín gráfico. Que exista una parada con cincuenta clases de olivas lustrosas da una idea de lo sofisticada que puede llegar a ser una civilización.

Al llegar a un nuevo país toda la información que necesitamos la encontraremos resumida en un colmado de barrio. Entrar, saludar, olisquear, comprar, hablar un rato. Las verduras, el estante de las galletas o la calidad conservera son el único *soft power* que importa.

*

En una pequeña caseta de madera al aire libre en Casavells encuentro una neverita con huevos frescos, una pequeña caja metálica roja para el dinero y un álbum de fotos donde cada gallina rolliza tiene su nombre y su reportaje fotográfico de *playmate*. Me cuentan mis informantes que la iniciativa se llama Gallinas Felices.

En Suiza he visto a menudo mercadeos similares, pero

esto *no* es Suiza. Me alivia pensar que sigue existiendo un pacto de confianza entre vendedor y comprador en este país nuestro que ata los bolígrafos con cordel.

Cézanne: *Bodegón con manzanas y prímulas,* 1890.
The Metropolitan Museum of Art.

*

Mi primer recuerdo de una pastelería es en Terrassa, en la entonces llamada calle de los bancos, llena de sucursales poderosas con columnas de mármol, mostradores de nogal y caramelos de celofán en cenicero pesado. En aquellos bancos conocían tu nombre y te engañaban igual que te engañan hoy, pero con más educación.

Mientras mi padre hacía gestiones, mi madre y yo íbamos a la Canigó a comprar una tartaleta de almendras y piñones que, tras jubilarse los dueños, nunca más pude encontrar en ninguna otra pastelería. Cuando un lugar cierra, sella una cámara egipcia de olores y sabores. Aún asocio lo dulce a la

154

complicidad, y el signo inequívoco de que alguien me cae bien es querer darle de comer.

Mi memoria reproduce aquellas confiterías en colores saturados de fruta escarchada, con motas de polvo a través de la luz, olor a peladilla y anís, un cuidado forense en el envoltorio. No he conocido jamás a un pastelero maleducado o sucio. Todos los dulces tenían nombres sensacionales de viejo mundo: Saint Honoré, Massini, París-Brest, Bismarck, Ópera, Selva Negra, Pavlova...

En Cataluña hay una pastelería excelente, delicada y restringida, con golpes de humor negro, y cuando viajo comparo sin piedad. Me encanta el humilde *pa de pessic,* la coca de chicharrones, los *taps* de Cadaqués, el *rus* de Can Massot.

Las pastelerías van de capa caída. Lo veo en la rapidez con la que desaparecen las antiguas, y por cómo les va a las nuevas. Los domingos apenas te cruzas con familias con ese hatillo feliz que es el *tortell* de nata. La dieta, la economía, la mala fama de lo dulce, yo qué sé.

*

La gran presencia de la Plaza de los Capuchinos en Córdoba, que acoge al Cristo de los Faroles. Un abrazo largo y austero, «un rectángulo de cal y cielo», un huerto donde cultivar la fe, un recinto de silencio. Paredes blancas que han oído quién sabe cuántas peticiones.

De noche –da igual si uno cree en Buda, en Warren Buffett o en Beyoncé– es imposible contener la emoción.

*

Algunas construcciones lo tienen, y otras no. Juhani Pallasmaa lo llama cortesía arquitectónica, es decir, cómo un edificio reacciona a las expectativas. «Cuando uno quiere mirar hacia fuera, hay una ventana en el lugar necesario. Si uno está interesado en el segundo piso, la escalera está justo ahí, así como también está la manilla de la puerta, no instalada tontamente sino dispuesta como un gesto hacia la mano, invitándola. Son cosas casi invisibles, pero marcan la diferencia entre un edificio generoso y otro que no lo es.»[64]

*

La primera vez que visité Venecia tenía dieciséis años, y miraba sin ver. En cada nueva visita empatizo más con ella, porque me parece una metáfora perfecta de la decadencia de Europa y del hacerse mayor.

Es fácil ser feliz allí, solo hay que esquivar las cuatro calles atestadas. El resto es silencio, piedra y mármol, periódicos, café, flores, góndolas aparcadas. Amurallada sin murallas; el agua no permite expansión, cambios ni experimentos. Una ciudad en salmuera.

La Venecia inmortal es la de Wagner componiendo el segundo acto de *Tristan und Isolde* en el Palazzo Giustiniani, la biblioteca diseñada por Michele De Lucchi en la Fondazione Cini, los paseos por el interior de Villa Foscari, San Lazzaro degli Armeni, la casa de los Brandolini en Vistorta, Barbara Strozzi, el Palazzo Papadopoli de los Arrivabene, la sala de lectura de la Fondazione Querini Stampalia, los gatos que te vigilan desde las ventanas.

Brodsky la llamó «la mayor obra de arte que ha producido nuestra especie». Salvatore Settis le dio la razón: «Una ciudad

64. Entrevista realizada por Diego Grass y Javiera Jadue durante un simposio de Alvar Aalto en Jyväskylä, Finlandia, el 5 de agosto del año 2009, trad. de Bernardo Valdés.

muere (...) cuando sus ciudadanos olvidan quiénes son y se vuelven extranjeros de sí mismos. Si Venecia muere, no será la única cosa que muera: la idea misma de ciudad —como la creación suprema de nuestra civilización— también muere con ella.»

*

Algunos lugares son nuestros, otros nos los regalan los amigos. Cuando alguien querido nos habla de un sitio especial para él solo hay una respuesta posible: respeto, ojos bien abiertos y desbordada alegría infantil. Cualquier otra actitud sería ruin.

Mi novio había pasado veranos de su adolescencia en el histórico hotel Almadraba, en el Golf de Roses. Quiso enseñármelo. Otro motivo para nuestro peregrinaje era que Josep Pla había visitado con frecuencia el hotel; no solo por la cocina, sino por las sobremesas con su amiga, la *dottoressa* de nombre viscontiano Angioletta Volante.

Voy al inicio de la historia.

En los años cuarenta se pasaba de estraperlo desde Francia champán, pato, salmón ahumado o foie, manjares lisérgicos para una España marchita. Las cocinas históricas del Empordà nacieron como una mezcla privilegiada de la contención catalana y la exquisitez francesa, con la fornida Lyon como referencia.

Josep Mercader fue aprendiz en la sala de Can Duran —restaurante favorito de Dalí—, y años después, en 1961, acabaría fundando El Motel —restaurante favorito de Josep Pla—.[65] El

65. Ambos escritores, como se sabe, eran amigos. Complementarios, según Josep Martinell: «Pla es la socarronería, la ironía, el escepticismo. Dalí es la inteligencia, el alpinismo social, la locura simulada.»

Motel es una parada fronteriza que siempre remite al entusiasmo: la felicidad de iniciar un viaje hacia Francia a la ida, o el alivio de dejar atrás a los franceses a la vuelta.

El Motel funcionaba de perlas. Mercader enviudó, y al poco se *casó* de nuevo con un segundo negocio: el hotel Almadraba. Con dos avales de prohombres locales, pidió al banco 67 millones de pesetas. El propósito era faraónico; como si hoy un particular quisiera edificar un Mandarin en Roncesvalles.

El Almadraba se inauguró en la primavera de 1970 con las coordenadas que aún mantiene hoy: el paisaje como único lujo, la piscina de agua salada, el sosiego místico, una cocina impecable y un trato al cliente que combina humor local, distancia amistosa y tacto.

Pero he de volver atrás un momento.

En 1961, recién fundado El Motel, aparece el germen de una historia de elegancia involuntaria. Mercader acaba de abrir su negocio y quiere dibujar un gran anuncio publicitario («Próxima inauguración Motel Ampurdán Figueras») en la pared de una masía de la carretera. Va a ver a la familia. Hecho el acuerdo, ofrece también contratar al hijo mayor. Pero el hijo mayor es el *hereu*.[66] Quien irá con él de aprendiz será Jaume, el pequeño de la casa.

Jaume Subirós entra a trabajar de botones, con tanta viveza que a los pocos meses Mercader ya se lo lleva al mercado de Figueres con él. En catalán: *li fa dur el cabàs*. La responsabili-

---

66. En la Catalunya rural, el hermano mayor *(hereu)* hereda la casa familiar, así como la obligación moral de cuidar de los padres. Si no hay hombres, lo hereda la hermana mayor, la *pubilla*. Los otros hermanos *(cabalers* o *fadristerns)* se ven empujados a empezar negocios propios. Con la concentración de la herencia en una sola figura se crea a veces animosidad fraternal, pero se protege de la dispersión una propiedad con unidades de producción interrelacionadas (ganado, tierras, pastos, huertos, viñas).

dad de llevar la cesta de la compra como indicio del ojo educado, el criterio y la astucia que requiere la selección de materia prima. Esa será la mejor escuela para Jaume, que tiene solo once años.

Cuando Jaume va a la mili ya es la mano derecha de Mercader. Al volver se casa con la hija mayor de la casa. Son años de muchísimo trabajo, algo consustancial a esa generación. En 1979 la quietud se rompe. Mercader muere con solo cincuenta y tres años. Tenía asma y los pulmones muy castigados por las cocinas de carbón. Su mano derecha, Jaume Subirós, queda al frente de todo, con veintinueve años y dos enormes hipotecas por pagar.

Para salir adelante, Subirós vuelve la vista a su infancia. En un año de muy mala cosecha y con la vaca enferma, recuerda la actitud de sus padres: *«Res no ens anava a favor, però els pares no s'enfonsaven, ens deien que s'havia de seguir treballant i anar endavant. Ho vaig viure com una experiència crucial.»*[67] Muchos creyeron que El Motel y el Almadraba quedaban heridos de muerte, pero el joven director respetó lo heredado y siguió el camino con humildad.

«Quan va morir el senyor Mercader, Josep Pla em va dir: vesteixi's d'amo. De manera que em vaig vestir amb traje i corbata. "Veus, tota aquesta gent d'aquí vénen a veure si això caurà avui o demà." Això em feia patir. Quan va morir Pla, vaig tornar a vestir de cuiner.»[68]

67. «Nada nos iba a favor, pero mis padres no se hundieron, nos decían que había que seguir trabajando y salir adelante. Lo viví como una experiencia crucial.» Xavier Febrés, *Els primers cinquanta estius de l'Almadraba Park Hotel (quasi una novel·la)*, Curbet, Girona, 2020.

68. «Cuando murió el señor Mercader, Josep Pla me dijo: vístase de dueño. Me vestí con traje y corbata. "¿Ves a toda esta gente? Vienen a ver si esto cerrará hoy o mañana." Eso me hacía sufrir. Cuando murió Pla, me volví a vestir de cocinero.» *(Ibid.)*

Una muestra de la inteligencia adaptativa de Subirós se dio cuando Ferran Adrià reinaba en Cala Montjoi.[69] Por vecindad, el Almadraba era entonces *el dormitori d'elBulli*. En vez de sentirlo como un demérito, para ellos era una fiesta cocinar desayunos de gambas de Roses, chipirones acabados de pescar o pil-pil de espardeñas para la plana mayor que orbitaba entonces el restaurante: Neichel, Ducasse, Bras, Robuchon, los Roca, Aduriz...

La fineza de la cocina de Subirós puede resumirse en el sorbete de flores de tomillo, que en el ventoso Cap de Creus crece con una tenacidad especial. Subirós es la planta que se agarra fuerte y busca agua entre las rocas. A veces, con todo en contra, uno solo cuenta con su propia voluntad.

*

No sabemos qué es una buena casa. Nadie educa para ello. No entendemos la claridad, la salubridad, el silencio, lo útil, lo cambiante. Nos quedamos en la vanidad y el manierismo.

Los buenos arquitectos construyen a favor del terreno, sin inmiscuirse, haciendo el menor daño posible, quizá por aquel poema de Maragall:

69. Un recuerdo para un desconocido de ElBulli: el jardinero cordobés José Lozano, en Cala Montjoi desde 1963. Construyó una barraca de chamizo que fue punto de encuentro de submarinistas y que se convirtió en «el bar alemán» del matrimonio Schilling. Iba todo el día arriba y abajo con el coche a buscar invitados; cavó una zanja de cien metros (¡con Neichel!) para enterrar la línea de teléfono recién llegada en 1977; desmontó los restos del minigolf; pescaba erizos de mar con un invento fabricado por él; habilitó un pequeño vivero para langostas... Mi padre buceaba mucho en las Islas Medas aquellos años, y me pregunto si alguna vez paró en el bar alemán y conoció a toda aquella tropa.

160

Alçant aquestes parets
heu pres entre sos caires
lo que era abans de tots: l'espai, l'ambient, la llum
mai més lliure un ocell travessarà aquests aires.

Capilla de Notre-Dame du Haut en Ronchamp, Francia.
Construida entre 1950 y 1955 por el arquitecto
francosuizo Le Corbusier.

*

Hay dos países con elegancias opuestas pero incontestables. Los dos son, además, los países de mi vida. Italia, porque era la primera vez que salía de España. Inglaterra, porque fue el primer lugar al que viajé sola.

Teníamos dieciséis años, y al acabar el curso nos metieron en tres autocares. Paramos en Montpellier y más tarde cerca de Marsella. El siguiente descanso iba a ser en Mónaco. Para entonces el autocar ya era un cafarnaum de deportivas sueltas, ganchitos en el suelo, discmans, camisetas de hockey hierba, revistas destripadas y cámaras de fotos. Los profesores, inexplicablemente, lograban respirar a través del ambiente hormonal

161

fétido. Nos dijeron que a las cuatro de la madrugada llegaríamos al principado. «Quien quiera bajar, que baje; quien no, que se quede durmiendo.»

La hora no tenía ningún sentido, pero en los salvajes noventa todo era un poco más improvisado; no se dormía en hoteles para ahorrar, y el conductor, un señor compacto y con pinta de petanquista, conducía con los ojos inyectados en sangre, con el único estimulante de Los Chichos.

Cuando llegamos a Mónaco solo unos pocos insomnes (soy incapaz de dormir dentro de nada que se mueva) estábamos listos para bajar. En algún rincón de mi cerebro adolescente ceporro recordé que Montecarlo era un sitio fino, así que con un espejito me maquillé con un pintalabios rojo caducado sustraído a madre Riezu, y me mojé el pelo hacia atrás con Nenuco, como en un videoclip de Robert Palmer.[70] Nadie pareció apreciar mi *look* Tina Chow.

Los cuatro gatos que paseamos por los dos kilómetros cuadrados de ese país minúsculo debíamos parecer la Santa Compaña de la MTV, con el paso sonámbulo y las sudaderas de Ellesse. No sé cómo no caímos por algún terraplén. Me desvié del grupo y fui a ver los cochazos aparcados cerca del casino, rodeado de guardas que ahuyentaban a andrajosos como yo.

Llegamos a Milán al amanecer. A las pocas horas ya tenía fiebre. Soy *Rain Man*: me gustan mi sofá y mi concurso a las ocho de la tarde. En cuanto me sacan de mis rutinas empochezco. Pasé los primeros días del viaje en un especie de desvarío, y solo recuerdo tres imágenes: durmiendo vestida a deshoras en la litera de abajo, una cena en la que el chico que me gustaba me dejó su jersey porque yo estaba temblando (eso lo

70. «Simply Irresistible» me pareció durante unos años el colmo de lo chic, hasta que descubrí que Palmer era un *exploit* barato de Marc Bolan, Simon Le Bon, Bowie, Bryan Ferry y cualquier coetáneo con estilo.

compensó todo), y a un camello jovencillo que nos quería vender marihuana. Nos asustamos tanto que salimos corriendo.

Cuando ya me encontraba mejor íbamos con las amigas en las tardes libres a visitar Florencia, Siena o Venecia, o donde fuera que nos llevasen. Llevábamos cuatro duros encima, pero nos daba para todo: pizzas margarita, camisetas, helados, sellos para enviar postales. Al verme recuperada, el chico del jersey dejó de hacerme caso: deseé haber tenido lupus. En vez de estar por la arquitectura y los ligues, pronto surgieron roces entre dos cuadrillas de amigas, y perdimos un tiempo precioso que podíamos haber dedicado a hartarnos de *cannoli*. Pero el conjuro estaba hecho: me había sentido en casa nada más llegar allí.

Todo europeo está en deuda con Italia. Si alguna vez muy lejos de casa hemos podido presumir de pertenecer a ese constructo en extinción que es Europa, es en parte gracias a ese país de talentos múltiples, aristocrático e ingenioso en el norte, puntilloso y amable en el sur.

Lo que hace volver una y otra vez a Italia no es solo el paisaje, sino la *italianità:* las cualidades que conforman la esencia de su identidad. Los italianos conocen su cultura, y la incorporan a su propia personalidad. Tienen un sentido acentuado de la herencia de abuelos y padres. Saben seleccionar qué observan.

Los símbolos, los hábitos y el comportamiento les resultan importantes –porque lo son–. De ahí *la bella figura:* el arte de causar una buena impresión, que atañe tanto a la apariencia como a la buena educación. O sea, los códigos de conducta y estéticos adecuados para el encuentro social. No es tanto una cuestión de apariencia como de dignidad, hospitalidad y cortesía. Y sensatez. En qué cabeza cabe conocer a los suegros con una camiseta de *Star Wars.* «Es que yo soy así.» Bueno, pues *no* seas así.

Un país que ama la belleza busca la elegancia en cada detalle. No solo en el arte, el diseño, la moda, la arquitectura, sino sobre todo en lo cotidiano. Conocer las preocupaciones de los vecinos. Llevar buenos calcetines, aunque apenas se vean (que se ven). Mirar sin mirar que todo el mundo en la mesa esté a gusto. Sentarse con naturalidad y corrección. Presentarse fresco a una reunión. Invitar sin darle más vueltas. Sostener la puerta a quien entra con nosotros. Llevar un obsequio cuando se visita a alguien. Actuar con simpatía, respeto y naturalidad.

¿Tengo idealizada Italia? Seguro. Pero es el único lugar, junto a Japón, donde he observado un sentido innato de las proporciones, la adecuación y el equilibrio. Después los primeros le suman hedonismo y los otros decoro, pero ambos países disfrutan horrores con lo bien hecho.

Stefano Maderno: *El martirio de Santa Cecilia*, 1600.
Sébastien Bertrand.

*

Otro de mis motivos para amar Italia: es «el país donde florece el limonero».[71] Abrir la ventana y tener alrededor ese perfume limpio de árbol recién duchado.

Vicent Todolí cultiva cuatrocientas variedades cítricas en Palmera (Valencia), algunas de ellas en riesgo de desaparición. La dureza del trabajo se ve compensada por dos hechos. Uno, Todolí ha recuperado sus raíces, en el sentido más literal. Eso ya es una gran fortuna. Dos: vive entre limas, cidras, yuzus y bergamotas. Así como las mañanas oficinistas albergan grandes sentimientos suicidas, dudo que Todolí se despierte alguna vez pensando: «Vaya, a ver de qué humor están hoy en el huerto.»

Los cítricos aportan una alegría inmediata, silvestre, infantil. Son primarios y delicados a la vez. Han interesado a mentes tan afinadas como los Médici, el cardenal Barberini, Cassiano dal Pozzo (mecenas de Poussin), el jesuita Battista Ferrari, Pietro della Valle o Joseph Paxton. No hay mejor abrazo de recibimiento que entrar en una casa con un patio de naranjos. En Italia, la cortesía es que un cultivador seccione con la navaja una rodaja horizontal y te la ofrezca en el filo, como un espadachín caballeroso. La felicidad de comer la fruta directamente del árbol.

Cuando viajé a Londres con cuatro duros solo pude comprar de regalo a mis padres una mermelada St. Clement's *(oranges and lemons,* por la canción popular) de Wilkin & Sons, que les pareció el colmo de la sofisticación («nuestra hija ha vuelto del extranjero cultivada»). En realidad pasé el verano escuchando Oasis junto a una gallega y gastando el dinero en discos, pero la mermelada-trofeo fue mi coartada. Traía de

71. El título de un precioso libro de Helena Attlee (¿pariente de Clement?), publicado por Acantilado en 2017 en traducción de María Belmonte.

vuelta aquel verso de Eugenio Montale: «Aquí también nos toca a los pobres nuestra parte de riqueza / y es el olor de los limones.»

*

Los meses de verano que pasé en Londres –cumplí allí los diecisiete– viví en Enfield, en el norte. Me alquiló una habitación una pareja que había sido mod en su juventud. Él había estado en los altercados de Margate, y guardaba con orgullo los recortes de periódico de las peleas playeras.

Antes de viajar les escribí una carta. Les dije que tenía muchas ganas de conocerlos, que comía de todo (caracoles no) y que era silenciosa como un ninja recién contratado. También les hacía saber que estaba deseando ver a sus perros, gatos, periquitos y a la fauna ratonil del jardín, pero que me daban mucho miedo las arañas.

Al llegar, hechas las presentaciones, subí a mi habitación y encontré pegado en la puerta un dibujo de una araña simpatiquísima y bizca, sujetando una Union Jack con una de sus patas, dando la bienvenida. Todavía lo guardo. Al lado de mi cama también había un antiguo cartel: «Hippies use back door». Supe que nos íbamos a entender al instante.

Además de mi primer viaje sola, algo que marca sin remedio, aquel fue el lugar que me enseñó a amar y entender las grandes ciudades. Estar rodeado de belleza y trascendencia amplía el alma, cauteriza las heridas y educa la mirada.

Para no pasarme el día en el bus yendo y volviendo de Enfield me quedaba a veces en el piso de un amigo, en el Soho. El Soho bohemio, borrachuzo, errante y cómplice de Dylan Thomas, John Minton, Nina Hamnett o Francis Bacon se convirtió en mi zona preferida.

Nadie fue más Soho, sin embargo, que Jeffrey Bernard,

que firmaba una columna en *The Spectator* titulada «Low Life», en desplante a otra sección de la revista, la «High Life» de Taki Theodoracopulos, que siempre fue un poco capullo. El Soho no es tuyo hasta que no tienes un pub preferido con el asiento de cuero con la forma de tu culo. El de Jeffrey Bernard fue The Coach & Horses, cuartel general de periodistas y de ese bulto intraducible, el *barfly*. Allí, como en todos los pubs del mundo, solo hay una moneda en circulación: la cháchara ingeniosa. Prohibido ser un plasta o presumir de los propios triunfos.

Bernard reinó en los ochenta, y Keith Waterhouse incluso dedicó una obra de teatro a sus excesos, *Jeffrey Bernard is Unwell*, que era la escueta disculpa que el periódico publicaba en el blanco de su columna cuando el escritor había derrapado el día antes. El final de Bernard —que fue deformando su delicado físico de un modo parecido al de Chet Baker— es una historia triste, y me tengo que morder la lengua para no moralizar. A veces odio el alcohol.

Mientras escribo estas líneas rememoro el glorioso momento de atravesar la pesada puerta de madera de un pub, cualquier pub. El rumor de conversaciones, los dardos, la barra, la tele, ese calorcillo humano, el ligoteo inocente, las ganas de bailar tontamente —como en el videoclip de «Happy Hour» de Housemartins—. Y sentir que por un rato estás en casa lejos de casa.

*

Es una nutria erguida sobre sus patas traseras, en postura de curiosidad. La tengo en el escritorio hace muchos años, ha visto de cerca mi mala leche y mis ojeras. A su lado hay un *xabardo* (jabato) y una ardilla. Esos *three stooges* custodian el rincón donde trabajo, y los tres vienen del mismo lugar: Sargadelos.

Durante décadas, parte de la memoria histórica de Galicia se preservó en Argentina. Buenos Aires acogió en un largo exilio de posguerra a Rafael Dieste, Blanco Amor, Núñez Búa, Lorenzo Varela o los que me interesan más, Luís Seoane e Isaac Díaz Pardo, que crearon el Laboratorio de Formas.

La Sargadelos que me gusta es la de 1960, que recoge el legado de la de 1806, afrancesada, nacida del mismo paisaje: caolín, cursos de agua, leña. El impulso de Seoane y Díaz Pardo la hará crecer de negocio a símbolo, con fundamentos políticos y humanistas. La empresa concebida como una asociación de intereses intelectuales, opuesta a la empresa que especula con una cantera de recursos. Aquello que tiene raíces es lo que tiene posibilidad de labrarse un futuro.

Todo lo genuino parece nacer con una maldición encima, y atrae como un imán a la codicia. Hagan la prueba: creen algo especial. Si prospera lo suficiente, no duden de que en algún momento aparecerá alguien con ideas totalmente equivocadas. Solo les hablará de números. No me malinterpreten: vivan los números y viva el dinero, pero siempre subordinados a las personas, jamás al revés. Si los beneficios se reinvierten en objetivos sociales y culturales, no se pierden: se multiplican. Pero, claro, los accionistas tocan a menos. Y los accionistas suelen ser muy descreídos respecto a los intangibles.

Alrededor de 2002, en Sargadelos la cosa se pone fea, y por ahí aparecen palabras tan horrendas como *viabilidad, explotación* u *órgano directivo*. Si las oyen alguna vez, huyan en dirección contraria. Que algo sea legal sobre el papel no significa que sea honorable.

Solo añadiré que estoy del lado Díaz Pardo, a muerte. ¿Siguen siendo bellos los productos de Sargadelos? Contestaré a la gallega: sí y no. Ustedes tienen ojos en la cara, y una mente despierta, y un corazón intuitivo. Estoy segura de que en el

168

catálogo sabrán distinguir entre aquellos objetos con fuerza, y los nacidos de un plan de negocio.

Por cosas así es importante conocer siempre la historia de lo que compramos.

*

«Los grandes amores siempre se anuncian de un modo preciso. Apenas los tienes delante, piensas: ¿quién es este capullo?»[72]

Henri Rousseau: *Las orillas del Bièvre cerca de Bicetre*, 1908.
The Metropolitan Museum of Art.

*

72. Ennio Flaiano, *Frasario essenziale per passare inosservati in società*, Bompiani, Milán, 1986.

Tarde o temprano llega un frío terrible.

Somos jóvenes, fuertes y nos va más o menos bien, pero en algún momento de la vida pasaremos por una crisis, que puede tomar mil formas: soledad, desazón inexplicable, enfermedad, desajuste químico, ruptura, apatía. Y llegaremos a la intemperie.

La música, el arte, las lecturas, la filosofía; con lo vivido, lo escuchado y lo reflexionado se crea un búnker mental. Pero hay que tener los deberes hechos; uno pierde a la madre y no piensa: bueno, ahora voy a ponerme a escuchar Cadena Dial, a ver si me alivia. Se trata, dice Joan Margarit, de «convertir el dolor en tristeza. El dolor no se puede gestionar; la tristeza sí».

*

A mis amigos les resulta incomprensible que, aunque no beba, sienta curiosidad por el vino y me guste estudiar sobre él. Los veranos en Francia fui muy feliz, y nunca probé más que una o dos copas. Hay quien necesita *ver,* hay quien necesita *hacer;* a mí me basta con *leer.*

Tengo amigos en ese mundo extraño del vino, y hablan tanto como beben, que ya es decir. De ellos me he acostumbrado a oír una y otra vez ciertos nombres (Haut-Brion, Latour, Montus, Dupont, Egon Müller, Leroy Musigny y Caymus, Valdespino, Tondonia, Clos de Vougeot, Jacques Selosse, Leflaive, Tokaj, Berncasteler Doctor), aunque nunca sé si se refieren a una persona, una tipología, un *climat,* una D.O. o un equipo de la Bundesliga. Después uno va por esos mundos de Dios y ve un cartel en la carretera y se siente moralmente obligado a parar, por mera curiosidad. Hace unos años pasamos por la finca de Romanée-Conti, con esa cruz sencilla tan bonita, y chafardeamos un poco. A nuestro lado aparcó una furgoneta blanca de cristales tintados de la que bajaron doce japoneses veloces, emocionados quizá al conocer en persona a un nombre con tanta historia.

En aquellas carreteras fronterizas con Suiza pensé en la conexión entre los viñadores –gremio que desconozco– y los diseñadores de moda independientes, que sí conozco algo. Ambos logran que en esos mundos enfangados aún haya cosas que valgan la pena. ¿Cómo? Con el punto justo de inconsciencia. Respetando la naturaleza. Trabajando con modestia y sin distracciones. Centrados en sus intereses, sin dar explicaciones ni perderse en caminos secundarios. Pensando en pequeño. ¿Para qué ser grande? Ser grande es un lío, lo complica todo.

*

La lana y el vino también tienen algo en común: el terruño. Ambos productos hablan de geografía, esfuerzo, ingenio. Ambos son la suma de la generosidad de la naturaleza y la afinación del hombre. La lana, como el vino, tiene personalidad.

¿Por qué me gusta tanto el *tweed*? Es áspero y gustoso, resistente e impermeable. Los primeros en vestirlo fueron los guardas forestales escoceses, los trabajadores del campo. Era el primo pobre del tartán. Mientras este se asocia a clanes y linaje, el *tweed* se clasifica por regiones, y sus colores deben camuflarse con el paisaje específico de cada zona: verdes, tejas, marrones, grises. Para elegir el oficial de cada pago, los propietarios hacían diseñar tres *tweeds* diferentes, y con ellos se vestía a tres cazadores. El más difícil de avistar era el elegido.

*

Tomamos *chai lattes* y tenemos Uniqlos y tiendas Apple y restaurantes con tartares, y podcasts, y Aldi vende muslo de pato en confit. Barcelona tiene hasta una Soho House. ¿Significa eso que como país *hemos llegado?* Yo sospecho que seguimos siendo la España que describía Julio Camba: curas, militares, señoras gruesas sofocadas que se abanican, dominó y décimos de lotería, gitanas con la buenaventura, cojos, cuestiones de honor. Que es la misma España de Luis Carandell: suegras, fabricantes de escobas, vividores.

España es el quiero y no puedo, la cochambre con gracia, y también la elegancia involuntaria de la boina, el hórreo, la casa encalada, el castellano impasible sentado al fresco, la calle con geranios.

Mi país preferido: el de las barcas en la playa, la hogaza recién hecha, Zarautz, Toledo, Jerez, Trujillo, Cadaqués, las vestimentas tradicionales, Hello Cuca y Lorena Álvarez y los Hermanos Cubero. Los balcones con geranios, el perro que sigue al amo por las calles vacías del pueblo, la trashumancia, los olivos, El Bloque TV, el Corral de la Morería, Martín Bianchi, el Museo Vostell Malpartida. Ese tipo de señor mayor, respetable y bajito que mi madre adjetivaba como «un hombrico». Zurbarán, Ribera, Francesc Ferrer i Guàrdia, la biblioteca de Can Vivot y el Hipódromo de la Zarzuela.

*

El queso es un paisaje. En mi familia, el queso fue también la línea Maginot entre mis hermanos (odiadores del queso) y mi padre y yo (adictos al queso). Mi madre se mantenía neutral. Es psicología de a duro, pero creo que en la tensión entre mi padre y mis hermanos –tuvieron épocas de no llevarse bien– el queso era un símbolo más que un alimento. Igual que los equipos de fútbol o el analgésico favorito (yo soy de aspirina), los gustos alimenticios separan a los familiares en bandos.

Como sucede con el pan, hay productos que no deberían poder etiquetarse como *queso*. Es una indignidad y un engaño

172

al cliente. Amar el queso significa respetar todo aquello que lo hace posible: las particularidades de la tierra, el cuidado de los animales, la protección del pequeño productor frente a la especulación. El queso es una cadena de cuidados y pactos sensatos. Cada queso con nombre y apellidos supone un método, una cadencia, una familia y un compromiso. Lo simple no existe, solo existe lo simplificado, dijo Gaston Bachelard. Sintetizamos e industrializamos porque la belleza de la realidad se nos queda grande.

Para Clara Diez (Formaje) la fermentación es «la demostración de que, aun en el más impuro de los procesos –la descomposición–, la vida se abre paso para dar lugar a nuevas realidades. Las bacterias, con su capacidad transformadora y cambiante, nos enseñan que la adaptabilidad nos mantiene vivos». El queso artesano es un compromiso de protección al territorio, a la escala humana, al tiempo pausado.

Júlia Casamitjana: «La leche cruda almacena los rasgos singulares de su *terroir:* el tipo de suelo, las plantas que rumian los animales autóctonos, la alcalinidad del agua y las prácticas tradicionales de la región. La leche cruda es irregular, está viva. Las bacterias indígenas transforman el alimento controladas por el gesto del hombre, que orienta el proceso de putrefacción siguiendo su intuición, ojo y olfato.»

Media tarde en una cocina, sol de otoño. En el centro, una mesa de madera, y encima una tabla, y encima de la tabla la mitad de un Gamonéu.

*

Aprendemos de quien menos lo sospecha. Hace quince años me encargaron una entrevista a Miqui Puig y, por una serie de razones que no vienen al caso, fuimos a hacer las fotos del reportaje a un centro comercial infecto de las afueras. Volvimos de nuevo a Barcelona en su coche. Antes de despedirnos, guardó algo en el maletero. Al abrirlo los vi: discos y discos de vinilo amontonados al azar y desordenados por las curvas de la conducción. Como si hubiera atracado un banco, pero con música en vez de billetes. Le pregunté con la mirada, y se encogió de hombros con una sonrisa que significaba: los he ido comprando y ahora se van *pa* casa.

Llevaba de todo: Teenage Fanclub, David Byrne, Jook, The Fleshtones, flamenquismos, Lucio Battisti, Tyler the Creator, Billy Childish, OMD, Gato Pérez, Laura Nyro, Saint-Étienne, Robert Forster, Sun Ra, Modern Jazz Quartet, Mark Hollis, Houston Person, Shake Shake, Los Canguros. Entiéndanme: igual no eran exactamente esos nombres (hace quince años, no recuerdo nada), pero la lección en aquel lugar remoto fue clara: hay que escuchar de todo, por si acaso, y de cada género hay que conocer lo mejor y lo peor, las orillas. Los mapas mentales, mejor cuanto más extensos.

Corneta de bolsillo del luthier milanés Giuseppe Pelitti, 1880.
Mucho mejor llevar esto encima que el teléfono, dónde va a parar.
La trompa de posta se utilizaba para anunciar las llegadas postales,
y también para la caza menor. The Metropolitan Museum of Art.

*

El rincón de elegancia involuntaria más escondido de Alemania: el foso de la orquesta del Festspielhaus de Bayreuth (1876), el teatro de ópera dedicado exclusivamente a representar los dramas líricos de Wagner.

No he tenido el placer de visitarlo —después les cuento el porqué—, pero Ignasi, tan wagneriano como su padre, lo conoce bien. Hay una magia específica en Bayreuth. Así como la hechicería de Wagner puede conjurarse en otros teatros o con un buen equipo HiFi en casa, ese microcosmos bávaro reúne elementos irrepetibles: un espacio escénico único, la complicidad de un público culto y un inmovilismo formal innegociable.

Ha pasado siglo y pico, y ningún arquitecto se ha atrevido a copiar ese foso que esconde a los músicos y eleva la música. Ante todo, por un pacto de respeto implícito, pero también porque no es fácil copiar lo genial.

Cuando Wagner crea Bayreuth —después de no pocas dificultades, sablazos a Luis II de Baviera incluidos— está invocando la dramaturgia griega. Para esa inmersión de los sentidos hay que despejar el escenario, y nada tiene más potencial de distracción que la orquesta. ¿Cómo encontrarle un nuevo lugar? Aparece el hallazgo: un foso semiabierto entre la escena y la primera fila. Busquen fotos, una sola imagen basta para comprender. Wagner llamará al foso caracoleante «el abismo místico».

La sobriedad y pequeño tamaño del teatro, construido en materiales económicos —madera, ladrillo, sin telas lujosas— hizo más único su sonido. Del foso emerge la música ensamblada, proyectada hacia el escenario. Las voces de los cantantes no han de superar el muro sinfónico de la orquesta. El conjunto llega en limpia plenitud a los oídos de la sala.

Les decía que no he ido nunca, por mucho que me fascine toda esta singularidad. El principal motivo —además de la extrema dificultad de conseguir entradas— es que no sé *nada* de ópera. Durante ese mes veraniego de representaciones se vive solo para la música. Días y días sentados cuatro horas en sillas plegables de madera duras como el demonio. Sin aire acondicionado, para proteger la voz de los cantantes. Los años de calor insoportable los bomberos mojan la cubierta del edificio. Cuando empieza la obra se cierran las puertas, y no hay pasillo central: no hay modo de huir sin llevarse miradas asesinas. A cambio, otro espectáculo de propina: el público mismo. En los largos entreactos, un señor alto de pelo blanquísimo vestido de smoking piensa en sus cosas frente al busto de Cosima Wagner, parejas elegantes hacen picnics en el césped, alguien lee, viejos amigos se reencuentran. Ni un imbécil a la vista.

¿Iré alguna vez? Quién sabe. Lo que más ilusión me haría es ver a los músicos emerger de su foso, tímidos y contentos, para saludar un momento al final. Como están ocultos al público y el calor es terrible visten su ropa, y estamos hablando de Alemania: camisas de manga corta, bermudas, sandalias prácticas, la camisa que les regaló la suegra.

Un lugar único, en fin. Y cada vez hay menos de esos.

*

Eton. Elegía por mundos que van desapareciendo. Añoranza de una palabra muy odiada, la disciplina. No hablo de pegar con la regla en la mano abierta, sino de esforzarse en sacar algo adelante por pundonor, no por obligación. La disciplina como antídoto contra la banalidad.

Las escuelas de élite eran refugios de belleza; lugares de diplomacia, crueldad y silencio, lealtad a unos códigos. En ellas se preparaba a los alumnos para dirigir imperios, hoy se les enseña a capitanear grandes corporaciones. Parece una devaluación, pero es lo mismo.

En Eton se sustituye la habitual inseguridad adolescente

por un entusiasmo por las ideas bien argumentadas, lo que construye una firmeza de carácter poco habitual. A ello ayuda también algo tan aparentemente inocuo como el uniforme. Después de años vestidos de lechuguinos, los etonianos adquieren una indiferencia total al juicio de los otros. Véanlos en el Támesis con sus sombreros llenos de flores frescas y su chaqueta de guardiamarina del siglo XVIII en la fiesta del Cuatro de Junio, cumpleaños de Jorge III. ¿Vergüenza? Ninguna. Encorbatados y orgullosos, se sienten parte de una tradición y un servicio.

*

Mi campaña de moda preferida es probablemente la del fotógrafo Ferdinando Scianna para Yohji Yamamoto, disparada en 1993 en la península de Connemara, oeste de Irlanda. Cada uno de los fotografiados eligió vestir la ropa que le dio la gana.

Búsquenla. Hay niños pecosos simpatiquísimos, con cara de ser malos como la tiña. Hay una mujer de unos cincuenta que es más guapa que todo Instagram junto. Hay dos amigos mayores pescando, uno tapa al otro con el paraguas.

En esta moda sí creo: singularidad, ausencia de pretensiones, naturalidad. En sus miradas hay un «déjame con mis vacas y mi misa y mi campo». El pleno convencimiento de estar donde quieren estar.

*

Londres tiene los parques, Roma tiene las plazas, pero Nueva York tiene los *stoops,* esos peldaños previos a la puerta principal vistos en tantas películas rodadas en Brooklyn, un lugar donde cambiar impresiones con los vecinos y la gente

177

del barrio. Es el sueño de alguien como yo, asocial pero que adora pegar la hebra. Cuando uno se cansa, sube a casa. Si necesita un rato de compañía, baja, se sienta un rato, y la vida va pasando. Los niños pueden vender allí tesorillos, o limonada en verano.

Estar sentado en el *stoop* acarrea un pacto implícito con la charla, la observación y la comunidad. Es un lugar que favorece la mezcla de personas, de donde no te pueden echar y donde no te obligan a gastar. En los vecindarios con *stoops* concurridos estoy segura de que hay muchos menos follones.

*

La acera es un lugar elegante y con carácter; uno de los mejores inventos de la humanidad, junto a la imprenta y el regulador de volumen del equipo de música. Cuesta ver la belleza entre motos de alquiler, árboles maltratados, deposiciones perrunas, esputos y trastos, pero su importancia es innegable. Las aceras tienen una dimensión ética, emocional y relacional.

Jane Jacobs, que es quien mejor entendió lo que debe ser una ciudad, habló del *stoop* y de las aceras como elementos de su ideal de vecindad autorregulada. Con una presencia constante de todo tipo de personas en la calle —abuelos, parejas, padres, tenderos, grupos de niños, mensajeros— se previenen problemas de seguridad sin necesidad de la policía. Hacer vida en la calle, además, implica que uno quiera cuidarla más; solo los muy estúpidos (los hay a patadas, por desgracia) ensucian el lugar donde se sientan.

Yo, no hace falta decirlo, soy una de esas personas que están en el balcón con el catalejo, detectando malhechores e injusticias. No tengo un silbato porque aún no me he chalado del todo, pero será lo próximo. Sé lo que ocurre en mi calle porque creo que es mi deber como pobladora urbana. Me hace gracia cuando en los pueblos se quejan de las viejas del visillo. Querido vecino, esa señora puede que esté sola, aburrida, asustada, todo eso quizá no se le ha ocurrido. Pero, de acuerdo, pongamos que lo hace por cotillear. ¿No es el cotilleo la forma más sincera de interés? A mí me parece humano y halagador que nos echen un ojo. En Japón vimos a escolares –diminutos, hermanos con gorrita cogidos de la mano– yendo solos a la escuela.[73] En ningún país me he sentido más segura, y he viajado sola a muchos.

Jacobs enumera así las características de una ciudad interesante.[74] Una: que los servicios no estén segregados, lo que fuerza el desplazamiento (es la diferencia entre comprar en el mercado del barrio o coger el coche para ir a un hipermercado). Dos: un lugar diverso donde todo el mundo se sienta seguro. Tres: manzanas pequeñas. Cuatro: armonía de edificios antiguos y nuevos. Cinco: calles cuidadas, para que la gente pasee, y para inducir a los que viven en las casas a mirar hacia fuera. Una ciudadanía responsable y comprometida con la conservación.

«Las ciudades dan algo a todos cuando están hechas entre todos.» Complejas, detallistas, vivas y, por qué no, bellas. La belleza en este caso no es frivolidad sino ética. La idea europea del diálogo, el encuentro y los cuidados por encima del consumo.

---

73. Un programa de televisión muy popular allí es *Hajimete no otsukai* («Mi primer recado»), que lleva veinticinco años en antena. Una familia manda a sus niños –a veces de tres o cuatro años– a una misión en el barrio. Un equipo filma la aventura sin que los críos lo sepan. A veces hay algún lloro, pero siempre vuelven orgullosísimos. En las escuelas japonesas los niños limpian los lavabos, ordenan, reparten la comida. Resultado: ciudadanos espabilados, sociedad limpia, responsabilidad grupal.

74. Jane Jacobs, *Muerte y vida de las grandes ciudades,* Capitán Swing, Madrid, 2011, trad. de Ángel Abad y Ana Useros. Otros escritos interesantes sobre la sensatez urbanística los firman Zygmunt Bauman, Aldo Rossi, Francesco Tonucci o Henri Lefebvre.

La luz entra por el óculo del Panteón de Agripa,
en Roma. Clément Souchet.

*

«No te mueras sin ir a Ronchamp.» Al escultor Jorge
Oteiza le quedaban meses de vida, y aconsejó eso a su gran
amigo, el arquitecto Sáenz de Oiza. Más tarde, la misma frase
sería el título de un documental sobre Oiza.

Ronchamp siempre me ha parecido muy manchega y muy
vasca, un edificio de leche entera, la quilla de un barco re-
choncho, un arca de Noé, un faro amigo, un sombrero de

pintor flamenco. Tiene una escala humana, está llena de símbolos, es íntima y cómoda. Fuimos un día de verano con lluvia. Llegamos de chiripa a misa de doce, y unas monjas tocaban la flauta. Oteiza quería a Oiza como a un hijo. Me pregunto si no había una voluntad egoísta secreta (muy humana, comprensible) de ligar la memoria de su amigo a un lugar tan bello. Cada vez que vaya allí me recordará, debió pensar Oteiza. Y en Ronchamp me puse a pensar qué lugar del mundo obligaría a visitar a mi amigo del alma si yo fuese a estirar la pata.

*

Poco después de Ronchamp fuimos al Santuario de Arantzazu, de Sáenz de Oiza y Laorga (arquitectos), Chillida (puertas), Oteiza (Piedad y Apóstoles), Lucio Muñoz (retablo), Néstor Basterretxea (cripta) y Álvarez de Eulate (vidrieras). Primerísima división.

Del edificio ya se ha dicho todo; es robusto, agreste y comedido, como los propios vascos, y demuestra que una mole puede ser delicada (esto puede corroborarse en los gestos de cualquier hombretón padre primerizo).

La mañana que pasamos allí se celebraba el cincuenta aniversario (1969-2019) de la instalación de la estatuaria en la fachada. Toda la propuesta de Arantzazu era arriesgada, pero la mirada cerril de la Iglesia se cebó especialmente con las esculturas de Oteiza. Su friso de apóstoles, creado en 1955, no se colocó en su lugar hasta 1969. Quince años en los que el obispo de Donosti y la Comisión de Arte Sacro dijeron que ni hablar de esas figuras tristonas y huecas de carne, aunque en realidad eran la metáfora más pura del ideal cristiano: vaciarse por dentro para entregarse a los demás.

Comunicaron el veto a Oteiza en invierno. Las estatuas no

tuvieron ni el privilegio de un almacén. Las dejaron en una cuneta del camino al santuario, a la intemperie. Una ventisca dejó al escultor atrapado unos días en el santuario, al lado de aquellos catorce hombres de piedra «como catorce ataúdes llenos de nieve».

Quince años en el arcén sirviendo de abrevadero para animales, de escondite para los niños, de nido para los pájaros. Tan bello como triste. Los aires cambiaron, y en 1969 aprobaron por fin la obra de un Oteiza traumatizado por el desprecio. No aceptó ningún premio compensatorio, «para no permitir que un triunfo de mierda estropee mis gloriosos fracasos».

*

Hace muchos años tuve mi primera y última crisis vocacional. Pensé: me interesa el arte. El arte, así a lo loco, con la manga bien ancha y sin orden: Velázquez, Turner, Richter, Freud, Sargent, Courbet, Merz, Mendieta, Espaliú, Twombly, Grosz, Barceló, Kerry James Marshall, Palazuelo, Condo, Holzer, Kounellis. Me gustaban hasta los cuadros de La Chunga.

Y si dejo el periodismo y trabajo en algo de arte, pensé. No sabía a quién pedir consejo, así que mandé una carta a Vicent Todolí, entonces director de la Tate Modern. Me respondió por mail, con mucha naturalidad.

Al poco viajé a Londres con un amigo artista, visitamos en la Tate la muestra de Luc Tuymans, y a cierta hora le dije: vayamos a la cafetería un momento, por favor. Entonces llegó Vicent, se puso a hablar con nosotros y a mi amigo casi le da algo. Nos reímos días con la anécdota. Todolí fumaba (creo que ilegalmente) mirando al río por el ventanal mientras hablaba, fue muy amable y divertido, y vino a decir: este es un mundo con dobleces, y disfrutarlo como mero espectador es un privilegio.

Tenía toda la razón.

*

«Necesitamos que miles de arquitectos (...) trabajen con una cuerda atada al pie, para que no puedan ir demasiado lejos de la tierra en la que tienen raíces, y de los hombres que mejor conocen. Al dinero, al éxito, al exceso de ganancias, a la ligereza, la prisa, la falta de vida espiritual o de conciencia hay que enfrentar la dedicación, el oficio, la buena voluntad, el tiempo, el pan de cada día y, sobre todo, el amor, que es aceptación y entrega, no posesión y dominio. A esto hay que aferrarse.»[75]

*

Terrorismo libresco: el dramaturgo Joe Orton y su amante Kenneth Halliwell tomaban en préstamo libros de la biblioteca. Una vez en casa, manipulaban discretamente las cubiertas con collages entre lo obsceno, lo humorístico, lo *queer* y lo surrealista. Luego los devolvían y espiaban a los bibliotecarios y los lectores, que ponían caras extrañas y fascinadas.

Los pillaron, y les cayó medio año de cárcel. En 1967 Halliwell, paranoico y celoso por el éxito de Orton, lo mató a martillazos, y después se suicidó. Esos libros son hoy lo más valioso de la biblioteca de Islington, que los prestó para una exposición en la Tate Britain.

*

75. José Antonio Coderch, «No son genios lo que necesitamos ahora», *Domus,* n.º 384, noviembre de 1961.

183

La primera vez que vi un tricornio –¡qué aparición fascinante!– fue en un viaje a Valladolid, donde mi hermano Javier estaba haciendo la mili. De camino hacia allí paramos en Zaragoza. Llegamos de noche, y desde el coche vi a dos guardiaciviles. Yo debía tener ocho años o así, y me pareció un sombrero elegantísimo, escénico. El hostal era viejo pero estaba muy limpio. Fuimos a dormir enseguida. Por hacer algo, rebusqué en los cajones de madera. Solo había una Biblia y un calendario de bolsillo. Estaba nerviosa, casi no pude dormir. Al marcharnos olvidé un muñeco debajo de la almohada, pero no dije nada.

Aunque solo sea en reductos, el tricornio sigue vivo. Me parecen muy elegantes los de los Chelsea *pensioners,* los de los fans de los New England Patriots, o el que llevaba la poeta Marianne Moore. Moore fue la gran amiga de Elizabeth Bishop, que escribió sobre acostumbrarse a dejar cosas atrás («Pierde algo cada día / acepta el sobresalto / de las llaves perdidas, de las horas malgastadas»)[76] y que vivió en Petrópolis, la ciudad brasileña donde otro escritor que sabía mucho de pérdidas, Stefan Zweig, acabó con su vida.

Del viaje a Valladolid solo recuerdo el tricornio y el desfile de la jura de bandera. No veía nada, me subieron a hombros. Localicé a mi hermano, lo saludé a gritos y a él se le escapó la risa, pero aguantó el tipo como pudo.

*

El recado es esa tarea que podríamos hacer por mail, por teléfono, pagando a un tercero. O no hacer, simplemente. He ahí la rebeldía de pararlo todo para algo improductivo: ir a comprar boquerones al mercado, escoger en la mercería el co-

76. Elizabeth Bishop, *El arte de perder*, Literatura Random House, Barcelona 2019, trad. de Joan Margarit.

lor exacto del hilo para coser las cortinas, buscar junto al librero un título para regalar.

El recado no es el deber (obligatorio) ni el quehacer (logístico). Tampoco es un compromiso social: esto es a solas con uno mismo. El recado es ineficaz e invisible, pero me sirve para calibrar mi medida humana. Ponerse los zapatos, peinarse los remolinos, un poco de colonia, bufanda, caminar hasta el destino, conversar, volver. Misión minúscula completada.

*

Creo que nunca me he sentido tan catalana como cuando mi padre, ya mayor, se echó una novia rusa.

Por las tardes, cuando iba a verles, él trasteaba en la cocina mientras yo mantenía largas conversaciones con ella en el jardín. Un sábado hablábamos de todo y nada cuando de pronto me soltó sin anestesia: tú no eres catalana. Sin decir palabra subí con cuidado al perro en mi falda, mi modo de decir: habla, pero estás perdida. Siguió: «Tus padres no son de aquí. Tú no eres de aquí.» Como hablar de política en familia me parece una grosería, le respondí en tono de cierre: yo nací aquí y mi identidad se ha formado aquí, así que *soy* de aquí –y rápidamente me llené la boca de cacahuetes.

Más tarde intuí por dónde iba la cosa; era hija de militar ruso, se sentía rusa, había nacido en la Odesa rusa, una ciudad portuaria europeizada, próspera y culta. La URSS colapsó, la familia se mudó a Kiev y ella pasó de vivir en un distrito chic (balnearios, universidades, ópera, hipódromo, restaurantes) a una Ucrania indiferente. Su mensaje para mí era: no dejes atrás lo que fueron tus padres. O quizá solo quería joderme, quién sabe.

*

Hay quien vive en el mundo digital, tenga delante una pantalla o no. Internet se ha entrelazado de tal modo en su conciencia que para esa persona ya no es un lugar, sino un modo de habitar la realidad. Para mí sigue siendo un espacio que visito a ratos y que intento que no someta mi lógica. La vida no está en la actualidad. A la Historia le importa un pito la actualidad.

Lewis Hine: *Los 'newsboys' de Hartford, Connecticut*, 1909.
National Portrait Gallery.

*

Trabajé once años en el *showroom* del periodista de moda Felipe Salgado, hasta que un revés de salud cambió los planes. Gracias a Felipe entendí un modo radical de ejercer el oficio, que podría resumirse en: no hay que perder un minuto en lo que no es interesante.

Felipe introdujo en España a Raf Simons, Marjan Pejoski, Kim Jones, BLESS, María Cornejo, Mühlbauer o Bernhard Willhelm. Fue el primero en escribir –en 1989, *Ajoblanco*– sobre Martin Margiela. También organizó la *guerrilla store* de Comme des Garçons en Barcelona. Durante tantos años mano a mano nos pasó de todo: nos peleamos, nos reímos mucho, trabajamos duro, nos equivocamos y decepcionamos a otros, bailamos, fui testigo de su boda, fui testigo de su vida y él de la mía. Me enseñó casi todo lo que sé de moda.

Vendió (donó en parte) al Museo del Traje sus archivos personales, aquellas prendas de ropa que fue coleccionando en tres décadas de profesión. Las maravillas que yo ordené, toqué y me probé tantas veces. Cerró el chiringuito, como lo llamaba él, y ha ido pasando el tiempo. Porque quedan fotos de todo aquello, que si no diría que lo soñé.

*

Hay un tipo de persona terca, libre y con empuje para apartarse del discurso ortodoxo de su gremio. Ni siquiera se da cuenta, no funciona a la contra, solo hace lo que le da la gana y cree en ello ciegamente. Alguien con esa mirada es casi invencible.

Leo a Bittor Arginzoniz, del restaurante Etxebarri. Al pobre hombre lo imagino sufriendo ya de buena mañana el día que le toca contestar entrevistas. Lo suyo es «lo justo bien puesto, nada más. La comida no es un espectáculo. Para eso se va al teatro o al cine». Para la mozzarella se trajo doce búfalas de Italia, y se han adaptado bien. Cuando se llega en coche se las ve en el monte, a lo lejos (yo, que soy Rompetechos, las confundí con vacas grandes).

Tiene claro algo poco común: sabe dónde quiere estar. «No salgo de mi sitio, de mi fuego.» Es, dice él, un «primitivo» que ha sofisticado la cocina de caserío. No ha trabajado en ningún otro lugar. Fidelidad extrema a un paisaje. Hay muchos estilos maravillosos, pero este es solo suyo. Cuando Bittor lo deje, desaparecerá algo irrepetible.

*

Cuando cumplí diecinueve años me obsesioné con trabajar durante el verano en la playa de La Jolla, un barrio elegante de la ciudad de San Diego, California. Internet estaba en pañales, así que fui a un centro de jóvenes y busqué asociaciones americanas que empleasen a estudiantes europeos.

Mi plan topó con un grueso muro de resistencia: mi padre. Le pareció absurdo que pasase el verano doblando toallas y apilando hamacas, pudiendo preparar una segunda licenciatura.

Cómo decirle que mi obsesión había nacido a los dieciséis años, cuando leí *The Pump House Gang*, la famosa crónica de Tom Wolfe que cuenta la vida de una oscura asociación surfera de Windansea, un tramo de costa de La Jolla.[77] Ni siquiera tenía el libro entero; un amigo me fotocopió ese capítulo, que me aprendí casi de memoria. Incluso una adolescente perdida como yo intuyó que Wolfe no sabía *nada* de surf, pero el texto me dio un nombre, una pista, que es todo lo que yo necesitaba entonces.

Cómo camuflarle, a la vez, el epicentro de mi maquinación: ligar sin tregua con surferos idiotas, cuanto más idiotas mejor. Guapos semianalfabetos atraídos por mi *flair* europeo y mi misteriosa piel blanca.

El plan no funcionó. Mis padres solo me dejaron llegar hasta Mallorca, donde no había escena surfera, sino payeses con camisa blanca y sombrero de paja (mucho mejor, la verdad).

Aun así, como símbolo de adhesión me hice, con pintura para ropa y un pincel cutre, una camiseta con el logo inventado de la Mac Meda Destruction Company,[78] y más tarde

77. En *La banda de la casa de la bomba y otras crónicas de la era pop*, Anagrama, Barcelona, 1983, trad. de J. M. Álvarez Flores y Ángela Pérez.

78. Esa asociación, por llamarla de algún modo, se mencionaba en la crónica de Tom Wolfe. En realidad no existía formalmente; eran niñatos *pranksters* que se dedicaban a asaltar de noche casas abandonadas y cargarse

también una sudadera con un bordado rupestre de Miki Dora, que causó gran desconcierto en un grupo de locales de Gros, en Donostia.

Mi amor por el surf (su estudio, que no su práctica) duró muchos años. Fui a exposiciones, aprendí geografía californiana con Jeff Divine y LeRoy Grannis, pujé por *memorabilia* de Rick Griffin en eBay, tenía un póster de Duke Kahanamoku dentro del armario, al lado de las fotos que Bruce Weber hizo a los hermanos Malloy. Compré los *Años salvajes* de Finnegan.[79] Me harté de ver vídeos de Gerry López, Kelly Slater, los Irons, Dave Rastovich, Joel Tudor, Rob Machado; visité Hossegor, Capbreton, Salinas, Zarautz, Isla de Santa Marina.

No toqué una sola tabla; me dedicaba a leer en la orilla, a observar los rituales de los gallitos locales y a ver cómo la vida de un pueblo giraba en torno a las olas.

Como ocurre con todos los deportes populares, los años han vuelto al surf más técnico, más competitivo y más despiadado. En todas las playas con olas del mundo, por suerte, sigue existiendo un surf puro, incontaminado por intereses, lo que en los sesenta se bautizó de forma algo cursi como *soul surf*. No hay ninguna otra actividad física, que yo sepa, donde puedas morir golpeado contra el coral, ahogado por una ola de diez metros o herido por un tiburón. Y que sin embargo enganche tanto. En el surf uno no se siente *cerca* de la natura-

---

con hachas todo lo que pillaban. Los niñatos tenían nombre: Jack *Mac* MacPherson, Bob *Meda* Rakestraw, Doug Moranville, Steve Maitland. Con la coña se hicieron hasta tarjetas de visita: «*If you need to destroy, then us please employ.*» Entonces llegó Wolfe, hizo cuatro preguntas a la gente equivocada y los acuñó como sociedad *underground,* cuando no eran más que cuatro vagos playeros. Yo, desde la Terrassa de los noventa, me lo creí todo.

79. William Finnegan, *Años salvajes,* Libros del Asteroide, Barcelona, 2016, trad. de Eduardo Jordá.

leza, sino *dentro* de ella. Todos los peajes que se pagan (madrugones, frío, cortes, hematomas, sorderas, luxaciones) compensan con creces ese momento de ruptura y comunión con el instante.

*

Conversaciones con los Riezu las noches de verano que voy a visitarlos a Euskadi y Navarra. Hablan de los años de ETA, de la fábrica de papel que había en el pueblo, de cómo organizaron las primeras donaciones de sangre en los setenta (a los vecinos les sonaba a vampirismo). De aquella pariente chalada que se metió un día en la cama y dijo: de aquí no me muevo más.

La conversación escora a ratos hacia mí. Lo mucho que me parezco a mi madre («cada día más»), lo poco que como («un pajarico»), mi soltería («dando vueltas a la rotonda») y la importancia de la discreción («estar cuando se nos necesite y ser invisibles el resto del tiempo»).

*

Es urgente desmarcarse cuanto antes de cualquier etiqueta grupal que le quieran colgar a uno, porque todas se parecen a las escaleras de vecinos: uno acaba rodeado de gente rara, ruidosa y que nunca devuelve lo prestado. Imaginen formar parte de algo llamado Generación Nocilla. Antes preferiría unirme a los *moonies*.

Esto me lo enseñó mi jefe Felipe: cuando te vinculan a una camarilla estás a cinco minutos de pasar de moda. Y lo que interesa es trabajar años y años, con afinidades y afectos, pero sin dar muchas explicaciones. Ser selectivamente sordo e ir por libre. Aquello de *unconcerned, but not indifferent*.

190

La Barcelona que me tocaba por edad era la de Disco 2000, el Círculo Primigenio de Juanjo Sáez, la *AB* de Yolanda Muelas, el Nitsa de Carles Flavià, Sónar en el CCCB y la Mar Bella, Manel Clot, Zsu Zsa, Peanut Pie, mods reinventados en club kids, Motel Spaghetti...

La generación que a mí me gustaba, sin embargo, era justo la anterior: la de la librería Makoki, Pau Malvido, *El Noticiero Universal,* Guillem d'Efak, Bibis Salisachs (nuestra Soledad Lorenzo), Último Resorte, el BMW de García Márquez siempre mal aparcado en Francesc Macià, Jumo, las fiestas en Los Caracoles de Escudellers, el Groc de Toni Miró...

Pero vuelvo a los noventa. Hasta finales de siglo todo estuvo muy bien. Luego la cosa se enrareció un poco, y mi Barcelona preferida —la de pijos cultos y desastrados *underground*— tuvo que hacer sitio para una tercera vía, lo multicultural. Esto es, personas con mala asesoría capilar, vestir confuso, propensión a la riñonera, una defensa ciega del *street art* (cuando ni el uno por ciento de lo que hay en las paredes es *street art)* y una capacidad inaudita para transformar lo mejor en lo peor a base de diminutivos: el flamenquito, la rumbita, el porrito. Dejé de salir de noche justo a tiempo.

*

Por el título del libro ya se habrá intuido que no soy de los que creen que lo sucio es sexy. Lo sucio cuenta, sin duda, con sus fans y su contexto parafílico de operatividad, pero no me interesa.

La limpieza no tiene que ver con pasar el mocho, sino con el urbanismo orgánico: lugares de trabajo sanos, viviendas luminosas, agua del grifo de calidad, escuelas y hospitales bien diseñados, cuidado de la naturaleza dentro de la ciudad, calles limpias, actividad física al aire libre, etc.

Es entretenidísimo leer sobre higienismo de finales del XIX; el más cercano al poder creía de verdad que los obreros tenían una disposición genética al aire viciado, la suciedad y la enfermedad. Los salarios bajos, la precariedad o la falta de acceso a la formación no tenía nada que ver; ellos habían *elegido* vivir así.

Un higienista escribía que los cafés de la ciudad herían mortalmente «la vida de la familia, el progreso intelectual y la salud de Barcelona». Otro añadía que, si no se buscaban soluciones, «los desheredados» ahogarían sus penas en alcohol, dando paso a «degradación moral, impulsos criminales y tendencias agitadoras». No sé a ustedes, pero a mí me están entrando unas ganas tremendas de llamar a dos amigos y salir hasta las tantas. Un doctor advertía del peligro de no sanear con mano de hierro: los nietos de aquellos viciosos (¡nosotros!) serían «seres raquíticos, infectados por el vicio escrufuloso y el virus sifilítico, abortos degenerados. (...) Un asqueroso plantel de tísicos y una generación estúpida de pigmeos». Este hombre vio el futuro.

Existe (¿lo dudan?) una izquierda limpísima; hoy no sé dónde se esconde, pero existe seguro. Como fue el padre de Ramón Gaya, Salvador, un obrero catalán culto, parco y wagneriano. O lo que le contaba Antonio Baños a Kiko Amat en una entrevista: «Para mí la imagen del anarquista es aún la de mi abuelo: un señor con corbata y chaqueta. Para demostrar el poder de tu pensamiento tienes que controlar absolutamente tu vida, tener disciplina.»

*

Las mañanas de los fines de semana que estoy en casa me gusta dedicar un rato estéril, placentero e impreciso a lo que mi padre acuñó como mi especialidad: «Dar vueltecillas.»

Paolo Monti: *Parque en Milán*, 1962. Fondo Paolo Monti,
Biblioteca Europea di Informazione e Cultura.

*

Mi momento preferido del día es la merienda. Mientras que en la época georgiana la aristocracia zángana se levantaba a horas indecentes, en el periodo victoriano empezó a desayunar más pronto para dejar margen hasta la hora de comer. Hasta entonces la comida había sido un acto privado, pero durante el XIX se hizo popular y se convirtió en una cita más divertida que las cenas –algo que comparto plenamente: pídanme lo que quieran hasta las ocho de la noche, pero, a partir de esa hora, pestillo, sofá y libro.

Es pues en el XIX cuando surge ese regalo a la humanidad: la tarde.[80] En lugar de una jornada de día y noche, apa-

80. Arnold Palmer, *Moveable Feasts: a Reconnaissance of the Origins and Consequences of Fluctuations in Meal-times, with Special Attention to the Introduction of Luncheon and Afternoon Tea*, Oxford University Press, Oxford, 1953.

rece una división de mañana, mediodía, tarde y noche, con una animada hora del té dedicada a la sanísima cultura del comadreo y la extravagancia. Organizar un convite requiere una logística importante y mucha paciencia, pero cualquiera puede abrir su casa y ofrecer una merienda como Dios manda, con el incentivo de que en un par de horas tendrá a todo el mundo fuera y podrá recuperar por fin su bendita tranquilidad.

*

No siempre he llevado esta vida anacoreta. Al cumplir los dieciséis mis pacientes padres me dejaron salir hasta las diez por primera vez, y ese mismo sábado a la tarde tomamos con mi amiga un cercanías que nos dejó en un enclave de Sabadell con nombre de penitenciaría costarricense: la Zona Hermética.

En ese polígono estaban concentrados en aquel entonces (mediados de los noventa) los bares y las discotecas. La mezcla de estilos hacía respirable el ambiente; abundaban los quinquis, pero también los pijos de provincias –toda la armada del hockey hierba–, los universitarios barceloneses descarriados, los gitanos adinerados, los hip hoperos, incluso mods desesperados por pillar cacho.

Mi paso por aquellas ínsulas extrañas dio para varios aprendizajes. Uno: hay que dedicar al menos un año en la vida a equivocarse. Otro: es útil tener conocidos (que no amigos) en los sustratos sospechosos de la sociedad. Más: hay enseñanzas que solo se obtienen de noche, con la conciencia alterada. A propósito de esto último: hacer el ridículo de joven te ahorra –a algunos ni eso– hacer el ridículo de mayor.

Aquellos escarceos y amistades quedan en nada, pero ya han cumplido su función: tejer una malla de seguridad acerca de las propias competencias sociales. Dicho de un modo más simple: a quien no ha salido se le nota. Son los que reverdecen a los cuarenta, se compran una Harley, se apuntan a catas de vino, se plantean incluso probar con *First Dates* y se van los últimos de las fiestas de oficina, tantas son las ganas de juerga que arrastran.

*

En los pueblos pequeños queda un poco de humanidad, pero en Barcelona despedir a un muerto es como presentar el IVA. Hay una tanda, una burocracia, un catálogo de estilos lapidarios, un taxímetro del duelo. Esos pobres obreros con la escalera y el cemento, ale, siguiente.

Si tuviera carta blanca y un inversor sensato, empezaría tres negocios: una guardería al lado del mar para educar a los niños en el criterio estricto, la economía y la mala leche (Kindergarten Auchincloss), una residencia de treinta habitaciones con todas las maravillas que los octogenarios merecen (Villa De Gaulle) y mi joya de la corona, un tanatorio que no te hundiría en la miseria (Acompañamientos Riezu). En él todas las estancias tendrían luz natural, sofás con tapicerías Kvadrat, lámparas de Anastassiades, salida a un jardín, biblioteca y chimenea. Se invitaría a poner la música preferida del muerto o su peli favorita, para verla todos junto a él. Los animales de compañía serían bienvenidos, y el tanatorio estaría lleno de perros y canarios y tortugas moviéndose lentamente. Cada familia tendría a un asistente espabiladísimo que haría todo el papeleo mientras uno anda perdido en el dolor, y también un filósofo de guardia, y muchos rincones cómodos donde estar solo sin ser molestado.

Los tres lugares —la guardería, la residencia, el tanatorio— tendrían en común lo que todos los espacios que nos gustan instintivamente tienen: ni nos tratan como bobos ni nos presuponen mal gusto.

*

No creo mucho en la división entre alta y baja cultura. La curiosidad debería ser expansiva e incluyente. La única distinción que me interesa es si esa manifestación (ese libro, esa ópera, ese cómic) aceptó modificarse para venderse mejor, o se plantó y salió al mundo libre y como le dio la gana.

*

La casa es nuestro rincón en el mundo, una extensión simbólica de la madre. No es solo arquitectura, sino protección y recuerdos. Aprendiendo a habitar un hogar, decía Bachelard, también aprendemos a organizar nuestro interior. Nuestra casa natal vuelve una y otra vez a nosotros, sobre todo en sueños.

Hace unos años me entraron a robar mientras dormía. Me desperté por el haz de luz del móvil del ladrón. No estaba segura de si había visto lo que había visto, así que me levanté y fui hacia mi despacho. Me lo encontré de cara, sucio como el tizón, bajito y con la capucha puesta. El susto fue mutuo; debió de creer que no había nadie en casa. Ese segundo de reconocimiento fue aterrador y tristísimo. Mi integridad ya no estaba en mis manos. Se echaron los dados. Tuve suerte: salió pitando (con mis joyas en los bolsillos), saltó por la ventana y nunca más me crucé con él.

Les ahorraré los detalles posteriores. Un trauma así dura un largo tiempo, y luego uno se conforma y piensa que son gajes de la gran ciudad. La casualidad quiso que por aquel entonces me regalaran *La casa de la vida* de Mario Praz, donde él cuenta el allanamiento al Palazzo Ricci. Su escena resulta algo

196

más cómica, puesto que es la vieja criada romana quien da la alerta («*Ladri! Assassini!*»), pero también más dramática, ya que para Praz los objetos son extensiones de su cuerpo. «El templo había sido violado, y no existía un rito prescrito para reconsagrarlo.»[81] Yo, al contrario que Praz, me negué a cogerle manía a mi casa. La pobre no tiene culpa alguna de que existan delincuentes, y jamás la sentí contaminada.

*

31 de diciembre de 1991. Es el último Fin de Año antes de mudarnos de la casa de la periferia a la casa del centro. ¡Prosperidad! Mis padres han invitado a cenar a unos de nuestros poquísimos parientes, Luis y Encarna. Técnicamente son tíos-abuelos.

Los dos matrimonios se hacen compañía en esa noche en la que todo (el entusiasmo, la nostalgia, la comilona) se desborda un punto más de lo necesario.

Cenamos pronto en el cosedor, una sala con las paredes tapizadas de lana color azafrán donde ya apenas se cose pero que mantiene su nombre. A las once están todos bostezando ya. Pido permiso para levantarme y me voy a jugar al suelo, cerca de ellos, con un muñeco que me recordaba al niño Paquirrín, entonces aún pelirrojo y gracioso.

No recuerdo si llegamos a las uvas. Al rato todos roncan en el sofá, el sofá de pana marrón centro de gravedad permanente de la vida en la calle Béjar. Me siento sola como la una; de fondo está TVE con sus vedettes, y la música barata se mezcla con los ronquidos. Pienso en mis hermanos, jóvenes y guapos, de jarana por ahí. Maldigo el destierro a esta Noche Con Los

81. Mario Praz, *La casa de la vida*, Debolsillo, Barcelona, 2004, trad. de Carmen Artal.

Viejos, un plan por el que hoy sin embargo pagaría millones. Sigo jugando, sin hacer ruido, sin observarles, porque nada es más impúdico que mirar a quien duerme. Es algo que solo se puede hacer con la persona amada, o con el hijo pequeño.

Esa noche tuve por primera vez esa sensación preadolescente de estar en el lugar erróneo, el sitio aburrido, lejos de la acción.

*

Otros lugares donde me gustaría estar ahora mismo.

En el banco del Museo del Prado diseñado por Rafael Moneo y dedicado a la memoria de Ángel González. Lo situaron estratégicamente delante de *La bacanal de los andrios,* de Tiziano. Un buen lugar para pasar la eternidad.

Dentro de cualquier fotografía de Daniel Riera.

En un parque donde se pueda montar a caballo. No para hacerlo yo, que no sé, sino para verlos por ahí, paseando.

En coche por la Rioja Baja con el filósofo Luis Vicente Elías. «El viticultor riojano tiene más interés en producir que en proteger. El paisaje natural está protegido, pero el paisaje agrario va a ser pasto de ese progreso sin sentido de las renovables. En todos lados cuecen habas, pero en Napa, Borgoña o la Toscana no caben este tipo de chapuzas. Dignificar un territorio dignifica el producto.»

En Casa Manteca, con el Niño de Elche y Pedro G. Romero hablando de resistencia sociopolítica flamenca (yo me dedicaría a callar, escuchar y comer chicharrones).

En Tirol, haciendo el camino del *Almabtrieb,* cuando el ganado baja de los Alpes al final del verano para regresar a las granjas. Las vacas llevan coronas de arbustos y flores para celebrar que en esos meses no ha habido ningún incidente, que ningún animal se ha perdido. Es un gesto muy bello: si uno solo no vuelve no hay celebración. Los cencerros de gala y los cascabeles rematan el porte de los animales. En sus correas hay banderas, y a veces frases: *«Gott segne diese Herde»* («Dios bendiga a este rebaño»).

En una de las habitaciones dibujadas por Philippe Jullian en *Les styles.* Suya fue también la primera etiqueta de artista de Mouton Rothschild, que en 1945 celebraba la victoria aliada.

De voluntaria en la Darby and Joan Dance Class, un club de baile para pensionistas creado en 1970 en el barrio londinense de Battersea. La particularidad: era un club para ciegos. Todo esto lo fotografió Homer Sykes, y se lo pasó bomba, porque no crean que las reuniones eran una cosa de compadecerse y darse penita. Los abuelos, vestidos con mucho esmero, aprovechaban para llevar pasteles, cotillear y palparse, como debe ser.

Desayuno en el Regency Café de Londres, con sus salchichas insalubres, sus fotos del Tottenham Hotspur FC y su mugre en los azulejos. Una vez recuperado el aliento, quedar para comer en Wiltons, caro como un hijo tonto, con visillos (como todos los restaurantes de bien) y un carro de quesos que es el paraíso del gordo ilustrado.

Ese cuarto de hora de hacer tiempo antes de entrar a Mugaritz, paseando entre manzanos.

Ante el altar de la Iglesia del Agua de Tadao Ando. No hay muro, sino una cristalera que permite ver la cruz exterior y el hayedo que rodea la capilla. El retablo se sustituye por una representación más viva y elocuente de Dios: la belleza de la naturaleza.

En una de las charlas de tarde entre el escritor Juan Benet y los pintores Cristino de Vera y Juan Manuel Díaz-Caneja, que luchó contra el tópico de la Castilla desértica y monótona y dibujó «una porción de tierra delicada, remansada y suave». Durante una de aquellas tertulias, Cristino quiso matizar una opinión de su compañero de profesión, y Benet lo detuvo: «¡Alto ahí, Cristino! No quieras saber más que Caneja.»

En Hydra, dando terrones de azúcar a los pobres borricos.

Portando una pancarta-chuletón en el desfile Wheat & Steak (1981), organizado por Antoni Miralda para la feria anual de granjeros celebrada en Kansas.

En el claustro de San Francesco, en Sorrento.

En cualquier lugar, solo por el placer de volver a casa.

*

SUPLEMENTO DE AFINIDADES

Aalto, Alvar. De todas las anécdotas que atesora Oriol Bohigas (a cuya cabezonería debemos la reconstrucción del Pabellón Alemán de Barcelona) mis preferidas son las del genio Aalto en Barcelona. Iba a los toros con Moragas y luego se perdían por los tugurios del Gótico pidiendo manzanilla.

Abejas. Fineza georgiana: en 1800 se puso de moda entre las aristócratas inglesas tener un mentor de apicultura para ser guiadas en el cuidado y la crianza de abejas. Samuel Bagster publicó *The Management of Bees,* donde aconsejaba acerca de los diferentes estilos de colmena.

Acompañar. Poner música y no prestarle atención es una falta de respeto tan grande como bajar del coche dejando una canción a medias.

Adolescentes. El cuarto sexo, según la exposición en 2003 en Florencia de Raf Simons y Francesco Bonami. Todo lo que rodea a los adolescentes es a la vez tabú y mercancía. Se les toma como inspiración y se deposita en ellos la esperanza de futuro, pero no se les cede el paso como ciudadanos, sino como consumidores.

Aire. Cuando uno tiene una expresión en el rostro, un semblante solo intuido, y pudiera decantarse aún hacia uno u otro lado como una pelota en una red de tenis. Esa sustancia sutil se va perfilando más con la edad, sacando lo que tenemos dentro.

Alemán. Idioma sagacísimo –perfecto para hundir al otro en la miseria con gran pulcritud– y estructurado ferrovialmente, uniendo vagones de palabras. Ejemplo: *Backpfeifengesicht* (cara merecedora de un tortazo).

Alma. Gregorio Luri: «Tenemos el deber moral de ser inteligentes. Para los antiguos esto equivalía al cuidado del alma. El alma se asemeja a lo que ama, y por eso es importante amar el conocimiento, que proporciona experiencias de orden, definición y límite.»

Amigos. Los mejores son los improbables, como ese trío calavera que formaban el expeditivo Lucio Amelio, Joseph Beuys y Andy Warhol.

Amor. En *Je vous salue, Marie* (Godard, 1985) aparece la mejor definición de esa extraña amnesia que atañe a la cara de los familiares que hemos perdido: «En el amor no se ve nada: ni miradas, ni rasgos, ni parecidos. Nuestros corazones tiemblan solo a la luz.»

Animales. Absolutamente todos, pero si he de dar mis favoritos: el frailecillo, el numbat, el ajolote, el quokka, el abejaruco, el lémur, el ratón de las cosechas, el burro, el jerbo de orejas largas...

Aprendizaje. Uno solo aprende lo que tiene ya en su propia naturaleza. Eso arraiga y pasa a nuestro interior. Todo lo demás queda prendido en la superficie, como esas bardanas pegadas a la ropa tras una caminata por el bosque. Las sacudimos y nos olvidamos sin remordimiento.

Árboles. «La ladera estaba cubierta por árboles de seis a siete metros de altura. Recordé el aspecto del lugar en 1913: el desierto. El trabajo apacible y regular, el aire vivo de las alturas, la frugalidad y serenidad de su alma habían dado a este anciano una salud casi solemne. Era un atleta de Dios.» *El hombre que plantaba árboles*, Jean Giono (1953).

Arquitectura sin arquitectos. O sea, la arquitectura sin firma ni pedigrí. Vernácula, anónima, espontánea, práctica, clara.

Arte. Lo que te llena. Lo explica de maravilla Guillermo Pérez Villalta: «Si cuando uno está ante una obra de arte no tiene un subidón, aquello no funciona. Hay que tener un subidón. Alegría, emoción, sensación de vida.»

Arribismo. No he deseado nunca –como si esto pudiera elegirse– estar en el meollo. El meollo es mucho más atractivo desde lejos. Sí he buscado la compañía de personas inteligentes. Quería ver si, con suerte, se me pegaba algo. Solo más tarde uno descubre que la inteligencia no siempre va ligada a la compasión, ni a la sensibilidad, ni a la generosidad.

Asociación. Los eslabones de la mente son inescrutables: a través del *Pink Narcissus* de James Bidgood me acuerdo del *Black Narcissus* de Michael Powell, y de ese Powell a otro, Anthony, el de *Una danza para la música del tiempo,* que a su vez toma su título del cuadro de Poussin, en la Colección Wallace de Londres. Y ahí se corta mi *train of thought,* porque ese cuadro me pone tristísima.

Aventuras. Los cobardes como yo encontramos gran regocijo en leer en nuestro sofá las travesías imposibles de Joseph Kessel, Ella Maillart o Henry de Monfreid, que admiraba las playas y los desiertos infinitos pero a quien aburría mortalmente la arquitectura, caso de las pirámides: «La única cosa que se puede admirar de ellas es el estupendo esfuerzo que tomó construirlas, pero eso es mentalidad de turista alemán.»

Ayu. Se pesca en el río Nagara (prefectura de Gifu) como hace mil trescientos años: con cormoranes entrenados, que capturan el pez pero no se lo tragan. Lo guardan en el buche y lo entregan al pescador. Pueden bajar a mucha profundidad porque sus plumas no son impermeables del todo; se empapan un poco, pesan más y eso les permite bucear. Luego secan las alas desplegadas al sol, en un momento de belleza insuperable.

Azar. El lado misterioso de la vida, o el vértigo de pensar que todo lo importante de verdad nos vino de rebote. Con nuestra predisposición, seguro, pero de rebote.

Bacon, Francis. El filósofo, no el pintor irlandés. Cuenta John Aubrey en *Vidas breves* varias de sus manías: tener el huerto más ordenado que el escritorio, obligar a los criados a llevar botas de cuero español (el olor del cuero de mala calidad le molestaba) y tener siempre en la mesa ramos de hierbas aromáticas.

Banderas. No entiendo la pasión que despiertan. Además, suelen estar hechas de unos sintéticos terribles. En cambio, amo los pañuelos de bolsillo heredados.

Barrio Sésamo. Un *new deal* educativo e integrador de nombre simpatiquísimo, poblado por las criaturas chifladas del dios Jim Henson.

Beard, Mary. La intelectual más querida de Inglaterra es también una de las más vapuleadas, por su desprecio por la formalidad cursi y su físico *antirreglamentario* (melena con canas, dentadura imperfecta, vestimenta improvisada). A ella, por supuesto, le importa un comino.

Biblioteca. Quevedo viajaba con una biblioteca portátil de más de cien tomos. En la Casa Laporte de Gio Ponti había una librería en cada habitación, para que los libros te pudieran seguir acompañando allí donde quisieras dejarlos. Es también un modo de jugar al escondite con ellos.

Bioacústica. Ni drones, ni satélites, ni cámaras trampa: la grabación sonora sigue siendo la forma menos invasiva de observar y entender los bosques.

Boo-Hooray. Archivo maravilloso en el Lower East Side que almacena documentación de todos los movimientos contraculturales desde 1910. También custodian donaciones de colecciones particulares; guardan los efectos personales de Burroghs, Larry Clark, Ira Cohen, Klaus Nomi, Alan Vega...

Botafumeiro. Sesenta kilos de carbón y resinas en vaivén furioso. Uno se siente apabullado ante ese movimiento hipnótico, aromático y aterrador que, de caernos encima, podría destruirnos como un misil catedralicio. La plegaria sincera sube hacia el cielo, siguiendo el camino del humo del incienso.

Burguesía. Karl Kraus: «El burgués no tolera en su casa nada que no entienda.»

Calanda. Ciudad turolense que ha dado, como mínimo, tres maravillas al mundo: Mindán Manero y su *Revista de Filosofía*, Luis Buñuel y la *rompida* de la hora de los tambores en Semana Santa.

Caligrafía. Aunque parezca una contradicción: compro productos de Apple desde hace quince años, pero no soy de la religión Apple. La clase de caligrafía a la que asistía de oyente Steve Jobs era impartida por un monje trapense, Robert Palladino.

Caoba. Único material pertinente para la barra de un bar o el mostrador de un banco, dos lugares donde uno busca piedad.

Cardenal, Ernesto. Un místico con boina, un poeta que leía ciencia, un revolucionario enclaustrado en un monasterio. «Bienaventurado el hombre que no lee sus anuncios / ni escucha sus radios / ni cree en sus slogans / Será como un árbol plantado junto a una fuente.»

Carisma. Siempre preferiré alguien discreto a un pavo real, pero hay que rendirse a la fuerza de arrastre del carismático. Todavía mejor cuando el carisma, que siempre tiene algo de detonación, se alía con años silenciosos de macerar ideas, especulaciones y estilos. Y, de pronto, sale al mundo.

Castaing, Madeleine. «Hay dos cosas que importan en esta vida: el amor y la salud. El dinero: nada. La gente: no mucho, aparte de unos pocos.»

Cartelería. Un desvío del niño cinéfilo era no querer ser director, sino cartelista. Nadie dibujó mejor a Eastwood y sus ponchos que Franco Fiorenzi. En el otro extremo del pedigrí cartelero está la humilde nota en la puerta de la tienda, como aquella que detectó Mauricio Wiesenthal en una floristería de Sevilla y que es una película entera: «Moñas y banderillas, efectos de novia y alas para ángeles.»

Castigo. La única sanción que me parece un trofeo es que a uno le coloquen en la cabeza unas venerables orejas de burro.

Cerámica de Talavera. Con más de quinientos años de historia, y con estudiosos del asunto con nombres tan sensacionales que podrían ser árbitros: Diodoro Vaca, Platón Páramo, Ainaud de Lasarte, Seseña Lafuente.

Charron, Pierre. «Dios, o sea, la Naturaleza.» Pero lo mejor de Charron es que tuvo veinticuatro hermanos; no es de extrañar que se hiciera sacerdote, buscando un poco de silencio. Hizo, además, la división de la que después beberían los apocalípticos e integrados de Umberto Eco: espíritus fuertes universales vs espíritus débiles municipales.

Cholet. O sea, el chalet cholo. Vistosa arquitectura neoandina que Freddy Mamani, cabecilla del estilo, define como «flamboyante, chillona, funk». Mi muy preferida Casa China de la calle Muntaner (Barcelona), firmada por Joan Guardiola, tiene un algo de orientalismo cholet.

Civismo. No ser pesado. Agradecer. No dar gato por liebre. Vivir la cultura como placer, no como obligación. Saberse poco importante y disfrutarlo. Respetar, conservar y dejar vivir.

Clase. Un concepto hoy mucho más líquido que en 1983, cuando se publicó *Class. A Guide Through the American Status System* de Paul Fussell, que dividía a los norteamericanos en nueve etiquetas, siendo los más misteriosos los *out-of-sight*, ricos poderosos a quienes nunca llegas a ver. «Solo hay cinco cosas de cuero negro que no causan un deterioro en la imagen social del dueño: cinturones, bolsos, guantes, fundas de cámara y correas de perro.»

Clientela. Me fascinan las agendas de clientes antagónicos, como sucedía durante la Guerra Fría. Los cristaleros vieneses J. & L. Lobmeyr eran proveedores oficiales y simultáneos de la Ópera de Viena, la Casa Blanca, el Metropolitan y el Kremlin.

Colmenas. Amo Fortnum & Mason: su longevidad (1707), su humor, sus cestas, su inglesidad ardiente, su *Scotch egg* y las cuatro colmenas de la azotea de su edificio de Piccadilly. Las casas de las abejas tienen pequeños tejados de cobre, las limpian con plumas de ganso y están pintadas en el pantone azul *eau de Nil,* que comercializa otra firma canonizada, Farrow & Ball. También hay colmenas en los tejados de Buckingham Palace.

Colores. Jaime Jaramillo: «En el pueblo donde me crié todas las casas eran blancas, todas las puertas eran verdes, y los zócalos de siena. Todas las vacas eran blancas, los gatos eran grises. Cuando aparecía el arco iris era como si llegaran los gitanos.»

Conexión. Hay escritores con los que sientes una afinidad instantánea. Da igual si estos flechazos a veces acaban como el rosario de la aurora; mientras duran son maravillosos.

Conran, Sir Terence. Así define Fernando Amat, antiguo propietario de la barcelonesa Vinçon, al fundador de Habitat: «Me fijé en aquella manera de mostrar los productos. Aprendí de él la asignatura de vender, mejor dicho, la de no-vender. Conseguir que la gente compre por sí misma. También aprendí que solo hay que copiar de los mejores.» Amat quería que Vinçon fuese una tienda no de chorraditas monas sino de soluciones, como Servicio Estación.

Consigliere. Hacer el Camino de Santiago con un cuervo parlanchín que camine a mi lado –como en *Pajaritos y pajarracos*– y me vaya aleccionando sobre las trampas de la vida.

Conticinio. La hora de la noche en la que todo está en silencio.

Correa, Federico. Arquitecto finísimo y *padre* –junto a Alfonso Milá– de ese bosque feliz que es Il Giardinetto, donde nada malo puede ocurrir. Iba a las manifestaciones antifranquistas con chófer. Bueno, solo fue una vez, pero ya saben, por un perro que maté. «Me habían retirado el carnet por pelearme con un guardia de tráfico. El chófer me llevó a la universidad, y aquel día había manifestación. Eso le permitió a Furio Colombo escribir aquella frase: *"Ma guarda, Federico fa la rivoluzione con autista."*» Sobre la arquitectura-espectáculo: «Hoy de cualquier mal edificio puede salir una gran foto. Eso es banalidad y engaño. Todo lo que se copia sin pensar es banal.»

Cosirar. Verbo recuperado en el vivero de palabras rurales de María Sánchez, *Almáciga.* Ir a dar una vuelta para comprobar el estado del huerto, ver cómo andan los animales, echar un ojo a los vecinos.

Cotidiano. Nueve letristas de elegancia involuntaria: Stephin Merritt, Stuart Murdoch, Neil Tennant, Jarvis Cocker, Morrissey, Billy Bragg, Paul Heaton, David Byrne, Mark Kozelek.

Criterio. Comprar o no comprar es cuestión de presupuesto, pero comprar bien o comprar mal es cuestión de cultura. Salvador Sostres: «Hay que pensar. Si no se tiene dinero, hay que pensar todavía más. Optimizar los recursos, analizar las opciones y descubrir las soluciones que evitan el estancamiento. Hay que dormir ocho horas y pensar dieciséis. Elegir sin pensar es carísimo. Elegir sin pensar es derrochar.»

Cunningham, Merce. Uno se define tanto por lo que hace como por quien tiene cerca. El aval de este coreógrafo no era solo su gracilidad, sino su comitiva: Warhol, Rauschenberg, Nauman, Kawakubo, Cage...

Defectos. Dispensar al amigo también es una elegancia. Lo que dijo Umbral de Cela: «Conozco sus debilidades, pero todavía me fascinan sus potencias.»

Denevan, Jim. En 1999 se inventó Outstanding in the Field, citas *outdoor* multitudinarias en torno a una larguísima mesa instalada en una playa o en un viñedo o donde no se molestase a nadie, y esto cuando lo del *farm to table* era aún una extravagancia. En 2011 estuvo haciendo una obra en Urdaibai, Mundaka –lo trajo el Surfilm Festival–, y dijo que el *land art* es como el surf: celebra momentos que no se repetirán.

Deporte. Prometo que yo quería dejarle un hueco al deporte en alguna de las tres partes, pero al final se ha acabado el libro, y nada de deporte. ¡Vaya por Dios! Lo confesaré: el deporte no me interesa nada. Algo más el romántico –ir en tren y ver un campo de fútbol de barrio con niños jugando–, pero el que mueve dinero me parece aburridísimo. Además, todas las historias deportivas de elegancia involuntaria y *fair play* (Coppi-Bartali, la de *Carros de fuego*, Zátopek, Comaneci, Tana Umaga, Orlando Sirola, Francesco Panetta) se han contado ya mil veces.

Derrota. También puede haber elegancia en la caída. Léase: *El sutil arte de hacer enemigos* (James Whistler), *Mártires de la belleza* (Luis Antonio de Villena) o *El arte de ser pobre* (Boni de Castellane).

Descenso. Subir es ilusionante, pero, como cualquier montañero sabe, el mérito es bajar con sensatez. «*A cader va, chi in alto troppo sale*» (lo recoge Cesare Ripa en su *Iconología*). O la definición del desamor de la canción de Walter Jackson: «*It's an Uphill Climb to the Bottom.*»

Deseo. En un escaparate cabe todo: la nariz pegada al cristal de la infancia, el hacer tiempo de la primera cita, el paseo de la mano de nuestros padres, la euforia de regalarse un capricho ante un éxito en el trabajo. Las mejores escenografías fueron las de la tunecina Leïla Menchari.

Deserción. No es la palabra exacta, porque el que deserta antes ha tenido que estar, pero los artistas sin obra –que obsesionan a Jouannais, a Vila-Matas– son «maestros de la influencia imperceptible», elegantes involuntarios que se encogen de hombros y dejan paso a otros.

Desgaste. Los humanos destrozamos todos los lugares por donde pasamos, pero aun así las casas resisten mejor vividas que impolutas y vacías. Una casa sabe cuando está sola. Ejemplos: la buena forma de Villa Mairea (Aalto) frente a la algo decaída Villa Savoye (Le Corbusier).

Despilfarro. Un arte si se hace bien, que casi nunca es el caso. La madre de Lorca no se fiaba mucho de él: «Si puedes, me gustaría que me mandases el dinero que tengas, pues en todas partes hay robos y pillerías, y aquí está más seguro.»

Dignidad. Unificadora, inviolable, abstracta y exigente: estar a su altura pide un compromiso moral de por vida. Javier Gomá: «Estamos abocados a la indignidad máxima, que es la muerte. De manera que desarrollamos un arte de vivir, una combinación de insumisión y deportividad. La insumisión contra nuestro destino funerario y sus miserias produce la compasión, la benevolencia, el arte, la ciencia, la técnica, la filosofía, en suma, la cultura, aquello que hace la vida digna de ser vivida.»

Dioramas. *Kitsch,* pero me encantan. Los del Museo Americano de Historia Natural son perfectos, pero son la excepción; lo habitual es que estén en algún lugar entre el belén viviente de pueblo y la taxidermia sin licencia.

Discreción. El catalán vive en un dilema constante: detesta *hablar* de patrimonio, pero le interesa *saber* de patrimonio. Preguntado acerca de su economía, un conocido con posibles dio la definición más discreta y autóctona posible: *«Jo no tinc diners, tinc dinerons.»*

Disfraz. Odio los bailes de disfraces y no digamos ya los bailes de máscaras con pretensiones, pero hay uno que me reconcilia con la humanidad: el Beaux-Arts Ball (1931) de Nueva York, con arquitectos vestidos como sus edificios. La estrella fue William van Alen, caracterizado de edificio Chrysler.

Distancia. Un factor clave de lo interesante. Lo explica Ingrid Guardiola en «Releer a Debord». El entretenimiento actual nos invita a la inmersión, pero siempre a través de la pantalla, no desde la experiencia directa de las cosas. En la vida real uno detectaría rápidamente el andamiaje raquítico que hay detrás de esa foto, ese vídeo. El distanciamiento propicia que nos creamos ese mundo *«fast,* precocinado, simplificado, *amusant,* reconfortante, planificado, irreal y, por todo ello, delirante».

Domingo por la mañana. Marilynne Robinson: «Es como encontrarse en un huerto cuidado después de una lluvia fresca. Lo único que pide es tener cuidado en no pisotearlo. Uno siente la vida, silenciosa e invisible.»

Duende. Manuel Torre: «Todo lo que tiene sonidos negros tiene duende.»

ECM. Edition of Contemporary Music, aunque todo el mundo llama al sello por sus siglas. Manfred Eicher lleva más de cincuenta años ofreciendo altísimos estándares de producción: sonido impecable, diseño identificable, contemporaneidad sin etiquetas catetas. Tiene la absoluta confianza de sus compradores, lo que no es tan sencillo como parece. Un éxito discretísimo que creo que sorprende al mismo Eicher.

Edad. La amistad más elegante es la complicidad con alguien con quien nos separan dos generaciones o más.

Edad del pavo. Antes acababa alrededor de los dieciséis años, y ahora a los treinta y ocho. Esto ha hecho nacer aberraciones como el *mumblecore,* pseudogénero cinematográfico que detesto. Chicas soñadoras aparejadas con chicos inútiles, adultos que se drogan porque creen que tiene gracia, gorras y barbas, referencias culturales metidas con calzador, bares y cerveza, gente que todavía tiene *mejores amigos* (con principios de artritis), malos empleos... Hay que tener mucha jeta para comparar todo este sinsentido con el *cinéma vérité* y la *nouvelle vague*.

Educación. Una de las sorpresas de la buena educación es que el prójimo, aun sin saber siquiera tu oficio, seguramente presupone que lo haces bien.

Emancipación. Mejor volar de casa cuanto antes. Maurice Maeterlinck: «El peor enemigo de la semilla es el tronco paterno. Toda semilla que cae al pie de un árbol está perdida. De ahí ese inmenso esfuerzo para sacudirse el yugo y conquistar el espacio con sistemas de diseminación, propulsión, aviación.»

Enamoramiento. El amor a la pareja se mantiene por su bondad y por el encanto de su gestualidad.

Encalar. Por profilaxis, por temperatura, por el blanco de la cal como símbolo de renovación y comunión con los vecinos, y por ese gran verbo: adecentar.

Enfermedad. Solo fue agradable estar enfermo aquellas mañanas de entre semana de la niñez, cuando la palabra *grave* ni siquiera existía en el diccionario, nos ponían el televisor portátil en la habitación y al sentir la mano firme de la madre en la frente, ese néctar de amor, nos sabíamos protegidos.

Enterrarse. Pero no muerto: vivo. Enterrarse como el modo más elegante de vestirse. Lo hicieron las gemelas enjoyadas de la imagen de Sónar, lo hizo el hombre del bancal en *Amanece que no es poco,* lo hicieron Fina Miralles y Keith Arnatt.

Escepticismo. Sánchez-Ostiz: «La capacidad de engañarse a uno mismo es un signo inequívoco de juventud.»

Escaleras. Pieza arquitectónica teatral, metafórica y fascinante y, en los últimos tiempos, condenada a un papel auxiliar en favor de los ascensores, que estéticamente me recuerdan a un lavavajillas. Oscar Tusquets le dedicó una exposición en el CCCB.

Escribir cartas. En la Universidad Tecnológica de Helsinki, cada nuevo estudiante de Arquitectura recibía antes de su incorporación una carta de bienvenida con una lista de unos cuarenta libros. Ninguno sobre arquitectura, sino clásicos de narrativa y poesía. La carta más bonita, sin embargo, es la de Camus a su maestro al ganar el Nobel: «He recibido un honor demasiado grande, que no he buscado ni pedido. Cuando supe la noticia pensé primero en mi madre y después en usted.»

Espeto. A los maniáticos del orden nos gustan los campos sembrados, los aviones aparcados en batería y el espeto, esa simetría de sardinas bailarinas de cancán. Las sardinas son, además, uno de los mejores olores veraniegos del mundo. Carmen Amaya las asó en la suite del Waldorf Astoria y apestó a todos los huéspedes, pero ella se quedó a gusto.

Etimología. Una especie de cocinado inverso: desmenuza los ingredientes de cada palabra hasta llegar a su semilla. Cada término es un paisaje, un gesto y una historia, por eso la etimología (o la mitología, prima lejana) tiene más miga que un culebrón venezolano. El Papa del ingenio etimológico es Joan Coromines.

Éxito. Cada vez que algún escritor se queje del poco caso que le hacen le hablaré de los veinte años de aduanero en el puerto de Nueva York de Herman Melville.

Experiencia. Si algo se anuncia como «una experiencia», no vayan.

Fallas. El fuego necesitaría otro libro solo para él. Purifica, calienta, alumbra, cocina, pero también destruye. No sé si quemar talento es elegancia involuntaria, pero desde luego requiere valentía. Sigfrido Martín Begué, Manolo Martín y Vicente Jarque plantaron en 2001 el cadafal *Pinotxada universal* en Na Jordana.

Familia. Fascinación por los negocios bautizados con parentesco, sobre todo si incluyen rótulo pintado cuidadosamente a mano. Pallarès i germans, Sobrino de Botín, Hereus Surroca, Baró e hijos, Viuda de Campoy, Lello e irmão, Sucesores de Iturriaga, Germanes Balart... Fijar un nombre en la fachada sella un compromiso psicológico más complejo que un contrato.

Farmacias. Uno de los pocos lugares del planeta que siguen siendo fiables. En espíritu, son como clubs privados ingleses: antipáticos, al grano, acostumbrados a oír de todo (y callar) y con soluciones específicas. Las farmacias son orteguianas, porque son un canto a lo exacto: «Los hombres mueren de vaguedad, de verlo todo incierto y brumoso, en lugar de tomar la decisión de *precisarse*.»

Feminismo. Mis modos de ser feminista: sospechar de todo lo fácil, servirme del trabajo para ganar respeto e independencia, no emparejarme a la brava, hacer buenas elecciones, no gastar dinero en marcas que perjudiquen a mis iguales, huir de Twitter y demás groserías, predicar con el ejemplo.

Flaubert. A los nueve años empezó a apuntar en una libreta lugares comunes que oía aquí y allá. La inauguró con una conocida algo boba que visitaba a la familia en Rouen. Siguió compilando conceptos durante tres décadas, hasta configurar el *Dictionnaire des idées reçues.* «La mayor impotencia del pensamiento no es el error, sino la tontería.»

Flipside. De todas las cosas buenas que ha parido el British Film Institute, que son muchas, mi preferida es la colección Flipside, dedicada a cortometrajes y películas libertinas sesenteras. Jazz, clubs de noche, subculturas a porrillo, energía libidinosa, ropa de Ossie Clark, un Mayfair que ya no existe...

Foster, Reginald. Uno de los mejores latinistas del mundo era hijo de un fontanero de Milwaukee. Juraba, bebía y vestía como un estibador, y creía en el latín como un organismo vivo y fascinante. Se ordenó carmelita en 1966 y no cambió ni una de sus costumbres. Se reía de los católicos: «Por aquí andan algo obsesionados con el sexo.»

Fotogenia. Mis montañas preferidas son las que parecen dibujadas por niños: el Monte Fuji, los Alpes Dolomitas, Stromboli, el Cervino, el Kilimanjaro...

Freixa, Masia. De Lluís Muncunill. Modernismo repostero, paredes de chocolate blanco y cubierta de huevera daliniana.

Frivolidad. Cómo reconocer el alma inmadura: debe de estar siempre haciendo algo agradable y, si es posible, dos cosas agradables a la vez.

Fulgencio Pimentel. Editorial de catálogo impecable, con una de las colecciones mejor bautizadas: «Impronunciables», con Schrauwen, Drnaso, Kaltenborn, Hanselmann...

Furgoneta. Quien no ha viajado en ella no puede entender su encanto (quizá hasta la encuentre incómoda y cutre), pero la furgoneta es –después del tren– el medio más cómplice, simpático y elegante posible, sin vanidad alguna. En ella caben familias distintas, latas de conservas, flores y plantas, cajas de mudanza de una vida nueva, libros, regalos. Aventura sin adulterar.

Furtivo. Los de Arrea! (el restaurante de Edorta Lamo) me ganaron para siempre cuando en la carta vi su «Ensalada de perdiz con hierbajos y agraces». ¡Hierbajos! Nunca la palabra sonó más noble. Lamo entiende el furtivismo desde el respeto y el equilibrio, no desde la picaresca y la chapuza. Lo resume la estampa de dos hermanas furtivas de setenta años que cazaban a caballo con gran puntería en *Las cosas del campo* de Muñoz Rojas. Una buena lectura sobre el hambre es *El furtivismo en la montaña alavesa,* de Jesús Prieto Mendaza.

Futurismos. El movimiento estridentista de Maples Arce no tuvo entre sus filas a arquitectos ni urbanistas, pero imaginó una ciudad ideal. Estridentópolis sería «de hierro y acero, con la fiebre sexual de las máquinas. Caleidoscópica, eléctrica y veloz, tensa de cables. Humo, ritmos mecánicos y trenes jadeantes. Musicar el tráfico con un claxon agresivo».

Gabardina. Una de esas prendas que encapsula una forma de vivir. La discreción (el C. C. Baxter de *El apartamento,* Sergi Pàmies); la izquierda pulcra (Jorge Semprún); el desafecto británico o el francés (Jean Gabin, Yves Montand); el desdén (Camus, Deneuve, Vian)...

Galicia. Álvaro Cunqueiro: «Si el paisaje es un rompecabezas, yo como pieza encajo muy bien en Galicia. La temperatura, la humedad, las nubes. (...) El gallego tiene capacidad para la ironía y el diálogo, el parrafeo. Es lento de raciocinio, pero muy vivaz cuando tiene que ponerse a la defensiva, porque ese ha sido su oficio moral al volar de los siglos.» (Entrevista en TVE con Soler Serrano, 1978).

Gammarelli. *Sartoria* eclesiástica romana de sexta generación. Están detrás del Panteón, edificio preferidísimo de quien esto escribe. Con cada Papa nuevo Gammarelli recibe una llamada del Vaticano, y saben que eso significa preparar y mandar tres juegos completos: M, L y XL.

Gastronomía. En la batalla por dilucidar quién escribe mejor de comida, si M. F. K. Fisher o Elizabeth David, yo soy del *team* David. En *The Guardian* cuentan que cuando se publicó *A Book of Mediterranean Food* (1950), con su explosión de ingredientes griegos e italianos, en Inglaterra *«Basil was no more than the name of bachelor uncles».*

Gesto. La elegancia de los mamíferos se ve en ese gesto delicado de coger firmemente a la cría por la nuca para trasladarla a buen recaudo.

Girasoles. Me encantan desde que un Sant Jordi de hace siglos un amigo, en vez de regalarme rosas rojas, me trajo un ramo de girasoles. Para la artista Ceija Stojka fue la flor de su liberación, de los larguísimos campos que caminaron desde Bergen-Belsen hasta su hogar en Viena, «la flor de los gitanos y de la esperanza».

Giralt Miracle, Ricard. Enviar una felicitación manuscrita en Navidad es un gesto bonito, pero me gusta todavía más la notificación veraniega. En julio, Giralt Miracle –diseñador y tipógrafo exquisito– enviaba a amigos y clientes unas *plaquettes* en las que anunciaba el descanso vacacional.

González-Ripoll, Juan Luis. Prosa expresiva con olor a tomillo y lumbre. *Los hornilleros* habla de la vida de los pastores en las sierras de Cazorla y Segura, y de una conjunción hombre-naturaleza en extinción.

Gorriones. Miguel d'Ors los llamó «calderilla del cielo». José Jiménez Lozano: «Gorrioncillo urbano / perdido entre las mesas / de una terraza, en un hotel de lujo. / Como a ti, me bastan y me sobran / las migajas del mundo.»

Gratitud. El desagradecido no tiene una micra de elegancia en su cuerpo.

Grecia. Aurora Luque: «Los clásicos lo pensaron todo por primera vez desde una libertad maravillosa que les permitió volar muy alto, sin la coacción de una autoridad vigilante y sin obsesionarse por la inmortalidad ni los paraísos de ultratumba. Investigaron lo humano con una pasión insólita, por eso han envejecido los autos sacramentales de Calderón de la Barca y sigue siendo fresca y sugerente la *Odisea.*»

Guapos. La belleza normativa y tiránica de la juventud no solo no me pone nada: me parece plebeya y ordinaria. Mira qué guapo soy. Muy bien, ¿tienes algo más por ahí? Ah no, pero mira qué pómulos, qué cuádriceps. Aparta, ceporro. Muchas mujeres de sesenta en adelante son bellísimas y no tienen ni idea de que lo son, y me obsesionan, haría una patrulla de servicio público solo para avistarlas e informarles de su gran valor estético.

Helechos. La casa donde crecí tenía el patio lleno de ellos, y desde entonces me encantan. Oliver Sacks escribió un libro muy divertido, *Diario de Oaxaca,* en el que viaja a México junto a los botánicos de la American Fern Society.

He visto un pájaro carpintero. De Michał Skibiński y Ala Bankroft. Ternura infinita.

Hielo. Henry Pollack, geofísico: «El indicador más inequívoco del cambio climático es el hielo. No presenta argumentos, no lee periódicos, no escucha debates. No lleva ninguna carga política cuando cruza el umbral de lo sólido a lo líquido.»

Historia. Josep Quetglas: «El trabajo del historiador es hacernos creer que lo que fue, fue. Aleja el pasado. Por el contrario, quien practica un oficio quiere el pasado al alcance de la mano. Un arquitecto aprende con la misma intensidad de Ictino que de Navarro Baldeweg.»

Home, Stewart. Paradojas de la vida: a una sosa obediente como yo le encanta leer al faltón de Home, urticante pero sincero.

Horcher. Lugar de felicidad, con la gran Elisabeth Horcher al frente. Consomé Don Víctor, goulash, Stroganoff a la mostaza, perdiz a la prensa y Baumkuchen (¡viva!).

Horno. No tengo horno en la cocina (larga historia), así que todo lo que sale de esa cocción me parece misterio y maravilla. No solo lo que se come, sino lo que se moldea. Mis ceramistas preferidos: Stig Lindberg, Edmund de Waal, Eva Zeisel, Xavier Mañosa, Aldo Londi, William de Morgan, Georges Pelletier.

Hule. Injustamente vilipendiado, el mantel de caucho es intimidad casera y festiva de pollo *a l'ast,* de piso de playa, de cocina de la abuela. En *La grande bellezza* Dadina invita a Jep a una sopa en una mesa con un hule estampado con naranjas. *«Com'è il minestrone, Geppino?»* Dos mentes brillantes que no necesitan impresionar a nadie.

Ilusión. La potencia de las cosas aún a medio hacer y medio conocer. Nunca somos más educados que en el galanteo, cuando el corazón hace horas extras, sube la guapura y uno deja de dormir, comer, ser efectivo, etc.

Independencia. Francis Hallé: «Encuentro a los árboles extraordinariamente autónomos. Lo único que pide un árbol es que se le deje en paz. Hay un contraste extraordinario entre lo poco que necesitan y la enormidad de lo que logran.»

Interiores. Nicholas Korody: «Sin arquitectura no hay nada que decorar, y sin decoración la arquitectura desaparece en la ilegibilidad, no es navegable ni habitable.»

Insultos. Es el menor de sus méritos, pero hay que reconocerle a Jiménez Losantos una rica imaginación para injuriar con colorido. Uno de sus *hits* es «bolita de azufre».

Ivy League. Por suerte, hay historiadores y archivistas que van más allá de las fotitos monas de Kennedy o Steve McQueen y rescatan el otro estilo Ivy: el de los negros, los asiáticos, los judíos.

Izaguirre, Boris. Me encanta escucharle hablar. Me recuerda que la frivolidad inteligente es casi el único camino que nos queda para salvarnos de los pesados.

Jabón. El título del libro que tienen en las manos tuvo un primo hermano en aquella exposición llamada *Carbón y terciopelo* acerca del diálogo entre Ortiz Echagüe y Balenciaga.

Jonze, Spike. Tonto como un zapato —esto ya lo dejó caer veladamente Sofia Coppola en *Lost in Translation*– pero con un estilo innegable, sobre todo en sus primeras cintas de *skate* de los noventa.

Juventud. Mi *tempus fugit* favorito no es el del poeta Virgilio, sino el *slapstick* de las dos señoras del instituto de *Grease,* la directora McGee y su mano derecha Blanche, que comunica los anuncios por megafonía con la ayuda de su xilofón. Los alumnos son siempre jóvenes, ellas son cada vez más viejas. Luego está la abuela de Werner Schroeter, tan esbelta y en forma que por la calle la silbaban. Ella se giraba para mostrarles el rostro, y les decía: «Internado por detrás, museo por delante.»

Kursaal. No el de San Sebastián, sino el sevillano, un ateneo donde se reunían anarquistas y ultraístas. Por allí andaban gentes de nombres tan rotundos como Helios Gómez, Juana la Macarrona, Ramirito, Estampío, Juanito Mojama o El Cojo de Málaga.

Ladrón. La acusación de robo más elegante de la literatura es la del *Lazarillo de Tormes,* cuando el ciego y el niño comparten un racimo de uvas. «Partillo hemos desta manera: tú picarás una vez y yo otra, con tal que me prometas no tomar cada vez más de una.» Cuando el ciego pasa de todo y empieza a coger de dos en dos, el racimo se acaba enseguida: «Lázaro, engañado me has. Juraré yo a Dios que has comido las uvas tres a tres.» El niño lo niega. «¿Sabes en qué sé que las comiste de tres en tres? En que comía yo dos a dos y callabas.»

Larkin, Philip. «Ser valiente es no asustar a los demás.» De Larkin, todo, excepto su poema de hijo ingrato *(«Man hands on misery to man»).*

Lemebel, Pedro. La primera vez que vio el mar: «Mi madre preparó un pollo e hirvió huevos duros. Salimos de madrugada en la micro vieja, que quedó en pana en mitad del viaje. Al mediodía cruzamos la cordillera. Al doblar una curva, el dios de las aguas nos anegó los ojos. Era como tener el cielo derramado a los pies.»

Lepra. Hay películas que valen por cien, como ese milagro que es *La casa es negra,* de Forough Farrokhzad. En cada traspiés de la humanidad, una enseñanza: el más mínimo golpe de viento y, zas, ya somos parias.

220

Levedad. No pienso ligar jamás por aplicaciones, ni que sea para ahorrarme la humillación de pensar que alguien ha pasado un dedo despreciativo hacia la izquierda por encima de mí. **Libro.** Este objeto que tienen en las manos, que no hace ruido y habla en silencio, es un libro. Es una de las maravillas inventadas por el hombre. Aun siendo un producto seriado, su carácter analógico le da algo de irrepetible. Cualquier libro, hasta el más pobretón (especialmente el más pobretón), tiene una honra y una elegancia intrínsecas. Hay una dimensión artesanal en el oficio –la defendía Norbert Denkel– que ojalá nunca se pierda. **Limpieza.** Me gusta más por lo que tiene de compromiso que de perfeccionismo. Es importante no pagar a nadie por ello, hacerlo uno mismo. Es un modo de no olvidar las propias miserias. El aseo matinal es mi rato más arabesco; cualquiera diría que vivo en La Mamounia y no en el Eixample. Una anécdota de maniático pulcro: el oficial Henri de Bournazel es disparado por la resistencia bereber y, con el uniforme lleno de polvo y ensangrentado, se despide en brazos del médico: «Es indignante, doctor, morir así de sucio.» **Listas.** Las de *El libro de la almohada* de Sei Shōnagon, o su reinterpretación contemporánea, la maravillosa *Encyclopédie capricieuse du tout et du rien* de Charles Dantzig. **Literatura.** Strindberg definió la escritura como «desnudarse en medio de una plaza». Para Juan Eduardo Zúñiga, la literatura no es un espectáculo ni un trampolín de egolatría. El buen lector llega a uno sin presiones comerciales; lo hace por casualidad, destino o boca a boca. **Loewe.** De toda la familia, mi preferido es Enrique Loewe Lynch, cuarta generación. No tiene una entrevista mala. En todas habla sin miedo y con humor, con expresiones muy graciosas. Se nota que le gusta lo bueno y que no ha dado explicaciones en su vida. Defiende «las ideas con fundamento» y creó la fundación en 1988, mucho antes de que aparecieran las cosméticas de la responsabilidad social corporativa. En una cosa seguro que está de acuerdo con Jonathan Anderson: *ser lujo* no es nada si rascas un poco y ves cutrez. «El lujo de la ostentación tiene una merecida mala fama. Hay otro tipo de lujo, al que podemos llamar refinamiento, que es un anhelo por las cosas bellas, por la calidad y la cultura.»

López Aranguren, José Luis. Le preguntaron por los peligros del intelectual exuberante y divo. «¿Cree usted que el intelectual debe intervenir en política?» «Interesarse por ella, desde luego sí; intervenir, en modo alguno. Hasta cuando es menos mala, la política es siempre una simplificación de la realidad, y el intelectual se debe a la verdad entera.»

Machado de Assis, Joachim Maria. Padre de las *Memorias póstumas de Brás Cubas,* y un tipo de escritor irónico e indiferente –como Laurence Sterne o Kathy Acker– que siempre resulta elegante.

Maragall, Joan. La respuesta local al estoicismo del poema «If» de Rudyard Kipling es su «Elogi del viure», que define la única catalanidad que me interesa.

Marbella. Ciudad fascinante y única en su género, como Benidorm o Las Hurdes, que vio tiempos buenos (Luis Escobar, Ana de Pombo, Jean Cocteau, Edgar Neville, Orson Welles), regulares (el *gunillismo)* y pésimos (Jesús Gil, Julián Muñoz, Juan Antonio Roca).

Margiela, Martin. Convirtió lo ordinario en extraordinario, y tuvo la suerte de diseñar justo antes del escrutinio bobo de internet.

Mauriès, Patrick. Interesante cuando escribe sobre moda (Lacroix, Goude, Rykiel, Chanel) y más interesante aún cuando escribe de todo y nada (paseos, *trompe-l'œils,* gabinetes de

222

curiosidades, cafeterías italianas, *coquillages,* bustos, paquebotes, velas, niebla, tics ingleses...).

Mediterráneo. Frente al utilitarismo y la metafísica de los aburridos nórdicos, el hedonismo precristiano y la naturalidad solar. Viajando por el Mediterráneo uno tiene una sensación constante de reencuentro.

Memorizar. Sigue siendo importante, lo será siempre. Un joven periodista entrevistó en 1976 en París al poeta Czesław Miłosz. En aquel entonces el exiliado Miłosz había sido etiquetado como «enemigo de la Polonia Popular». Sus libros estaban prohibidos, el hostigamiento era brutal. Se sentaron en la mesa de un bar del Barrio Latino y al rato, superada la timidez, el joven se atrevió a recitar unos poemas de Miłosz. El hombre se puso a llorar. «No sabía que los jóvenes supieran de memoria mis poesías.» Y con ese gesto generoso el chico borró la tentativa de abandono del escritor, que en 1980 ganó el Nobel de Literatura.

Miradas. En la cola de firmas de libros, la mirada luminosa del lector confirma lo que todo escritor persigue: ha habido comunión.

Misa tridentina. Los firmantes de la petición de 1971 para que este tipo de misa pudiera seguir oficiándose en Inglaterra y Gales son un retrato fidedigno de lo que en el colegio llamábamos *los guays:* William Rees-Mogg, Iris Murdoch, Barbara Hepworth, Rupert Hart-Davis, F. R. Leavis, Agatha Christie, Maurice Bowra (lo amo), Auberon Herbert, Robert Graves, Kenneth Clark...

Mitsou. Fue el gato chiquitillo y recogido de la calle del Balthus infante, que lo retrató una y otra vez. Rainer Maria Rilke, amigo de la familia, decidió publicar un libro con los dibujos, y escribió el prólogo.

Modestia. La falsa modestia es a la humildad lo que el *kleenex* a un *carré* Hermès.

Moliner, María. Intrusa en el entorno académico, le echaron en cara su mayor virtud: la intuición. Escribió sola, en su casa, a mano, un diccionario de 3.000 páginas. Y lo hizo a lo largo de quince años, en los ratos libres que le dejaba su trabajo y su familia.

Montessori. La educación como un proceso de dentro hacia fuera, y no a la inversa. Cosechar del interior, sin meter apretujadas las ideas. Apoyarse en el diálogo cordial, la integridad, la naturaleza, la belleza del orden.

Movilidad. Tengo un amigo que está deseando llegar a una edad en la que ya no deba disimular y pueda comprarse una silla de ruedas motorizada para no caminar nunca más y arrollar a la gente de la acera.

Muerte. Karmelo C. Iribarren: «La vida sigue —dicen—, / pero no siempre es verdad. / A veces la vida no sigue. / A veces solo pasan los días.» Otra definición, de Gómez de la Serna, solo para muy lectores: «La muerte es cuando va a salir el tren y ya no hay tiempo de comprar revistas.»

Museo. Si se tienen niños pequeños, ni Eurodisney ni Portaventura: es importante llevarlos cuanto antes a hacer la croqueta en la pendiente del jardín del Museo Louisiana de Øresund.

Negación. El escritor Alberto Savinio —lo cuenta en su *Nueva Enciclopedia*— conoció en Abbiategrasso a un fantasmón que presumía de hacerse llevar la ropa interior desde Londres. Lo contó en un artículo en un diario y lo tituló «El imbécil». Pues bien: el periódico de Abbiategrasso respondió en un editorial amargo, negando que hubiera sujetos así en su ciudad. El patriota siempre es ciego.

Niños que cantan. Experiencia poco grata, con la excepción del coro del Langley Schools Music Project. Su profesor, Hans Fenger, trató a los niños como lo que son: seres con criterio y sensibilidad que conocen la soledad y los monstruos. «Yo no sabía nada acerca de lo que implica hacer música con niños.

Pero ellos tenían una intuición clara de lo que les gustaba: la emoción, la teatralidad, crear música como grupo. Que los resultados fueran buenos, malos, afinados o no era lo de menos –tenían *élan*.»

Norte. Y sur. Salvador de Madariaga: «La honradez se mide de cintura para arriba, y la honestidad de cintura para abajo.»

Nosé. Un estado anímico y una palabra que el diccionario debería admitir cuanto antes, por su importancia capital para acabar con entuertos.

Notas. Me encanta dejar mensajes breves, o encontrármelos. Me fascinan las cartas pasivoagresivas entre vecinos. Y luego están las del artista Éric Pougeau. Una nota manuscrita en la mesa de la cocina: «Hijos: cuando papi y mami mueran os quedaréis solos, y luego vosotros acabaréis muriendo también. ¡Hasta luego!»

Nový Dvůr. Monjes trapenses espabilados que encargaron en 1999 a John Pawson la reforma de su monasterio. Requerimientos: suelos que no crujieran, ausencia de corrientes de aire y portazos, sección especial para roncadores.

Obiols, Josep. En 1920, el editor Muntañola lo mandó un año entero a Italia a dibujar dos libros sobre mitología grecolatina. Aunque el proyecto acabaría minimizado por falta de liquidez de la editorial, quedó para la historia una colección de láminas de una ligereza pulcra, un libro de título bailongo (en la cubierta era *Los dioses de la leyenda,* dentro era *La leyenda de los dioses*) y la correspondencia con su amigo J. V. Foix.

Observador. Cuando me encuentro con una persona con ojo para el detalle, casi siempre tiene alma de vago. Para ser sensible hay que haber ganduleado mucho.

Ocampo, Silvina. Su familia hacía las travesías en barco entre América y Europa con vaca propia a bordo, para tener leche fresca todos los días.

Oficios. España ha sabido vender su gastronomía, pero no tanto su artesanía, esa excelencia llena de historia, carga emocional e ingenio de la calle. Aquí entra el ya mencionado debate de la exigencia. En nombre de la artesanía se han cometido graves ultrajes estéticos. Hay *artistas* a los que deberían llevarse esposados, francamente.

Olla gitana. Un guiso de legumbres y verduras con una gracia extra: las peritas de San Juan.

Opiniones. Aquello de Martínez Zarracina: «Las opiniones no sirven para nada. Apenas para subirse a ellas y parecer más alto. Pero desde luego las opiniones no sirven para escribir. El oficio es más arriesgado, en realidad: se escribe con el carácter.»

Ornamento. La falta de ornamentos es un signo de fuerza espiritual, decía Adolf Loos. ¡Si viera Loos cómo aquellas artesanías innecesarias pero bien hechas hoy no llegan ni a la categoría de adornitos!

Paciencia: Ambrose Bierce: «Desesperación disfrazada de virtud.»

Pana. El sofá de pana marrón simboliza la España de los setenta, modesta y sufrida. El de mi casa tenía forma de L, y en esa esquina practiqué muchas veces saltos Fosbury. Allí escuchamos *«À la ville de... Barcelona!»*, allí pillé llorando a mi madre porque había llegado la carta de la mili.

Paragüero. Los lugares con paragüero antiguo siempre son de fiar. Los dos mejores de Barcelona: uno que ya no existe (la preciosa Sastrería Ramon Canudas de Albert Viaplana y Manel Marrón) y otro que aún resiste: el del Cercle del Liceu, que tiene un sombrerero justo encima.

Pareja. Formato *a priori* repelente, pero que puede ganar encanto a través de la naturalidad, la imperfección, la complicidad, la contradicción. Modelo a seguir: Margot y Fergus Henderson.

Penguin Books. Espero que en la sede de la editorial haya dos monumentos en la entrada: uno para el que estableció su identidad gráfica, Jan Tschichold, y otro para Edward Young, el creador del pingüinillo. Para inspirarse, lo enviaron al zoo de Londres a dibujar, y volvió al cabo de un rato con la frase más inglesa posible: «*My God, how those birds stink!*»

Pérdida. El historiador Niall Ferguson enumera las apenas veinte entidades donde se toman la mayoría de decisiones económicas mundiales: el MIT, Goldman Sachs, el Foro de Davos, el FMI o los *power lunch* en el añorado restaurante Four Seasons de Philip Johnson y Mies van der Rohe.

Perdonar. Mirar hacia atrás sin ira. El derecho a la supresión de internet debería tener un equivalente en la vida real. En las culturas orales se perdía lo que ya no aportaba, pero hoy todo queda registrado. Damos mucho valor al recuerdo, pero la mala memoria es una bendición.

Periferia. «Art for the People» fue una iniciativa británica de 1935 que quiso llevar obras de arte a pueblos sin ninguna galería o museo. Empezaron con *Melocotoneros en flor,* de Van Gogh. Contrataron a tres desempleados de la villa para hacer de vigilantes; le pusieron tanto empeño que solo dejaban a los visitantes mirar el cuadro desde lejos. Por allí pasaron seis mil personas. En total la acción costó menos de cien libras.

Perros. «Tenemos mucha suerte de que los perros hayan decidido tolerarnos (e incluso querernos), porque si no estaríamos solos, pero solos de verdad.» De la introducción a *El Gran Libro de los Perros,* editado por Jorge de Cascante en Blackie Books. Con Jorge –a quien sigo con devoción– arrastro un trauma gordo, y es que en 2016 le compré su fanzine *¿Al Habla?* y un vecino hijo de puta me lo robó. Me lo volvió a enviar (de regalo, encima) ¡y me lo volvieron a robar! Estuve a punto de hacer un puertohurraco. El ladrón se acabó yendo del edificio, a pocos días de ser linchado.

Perry, Charles. Este crítico e historiador gastronómico de vida apasionante tenía escrito en su tarjeta de visita: «Mi promesa: no usar las palabras *excepcionalmente, delicioso* o *bocado.*»

Pesimismo. Samuel Beckett: «Tengo un pie en la tumba, y el otro en una piel de plátano.»

Piedras. Las elegantes de la naturaleza, porque «son de lo que está hecho el mundo» (Richard Long). Hay piedras que me caen mejor que algunas personas.

Pijas. Las últimas románticas. Salvador Pániker: «Se las reconoce por tres rasgos. Uno, la fonética. Dos, la mezcla de limitación intelectual y un candor que les da una extraña seguridad en sí mismas. Tres: un sentido instintivo de la estética. Cuando dicen "este mueble, ahí" son infalibles. La clave está, yo creo, en no ser nunca solo una cosa. No se puede ser solo pijo.»

Poetas de Instagram. Javier Salvago: «Todo es poesía, pero no todo es un poema.»

Porte cochère. Esas enormes entradas fascinantes de París o Milán, puertas de paso para carruajes y síntoma inequívoco de trajín y poder.

Pragmatismo. Hay una sensatez elegante en unir tareas que se benefician entre sí. Tres ejemplos. Uno: la confitería y la cerería eran vecinas; miel para los pasteles, cera para las velas. Dos: las monjas almidonaban las tocas con claras batidas y, para no desperdiciar las yemas, empezaron a cocinar dulces. Tres: en el Barrio Alto de Albox (Almería) la principal actividad económica era la alfarería. Noelia Cortés: «En las fiestas del barrio, los alfareros hacían vasijas llenas de caramelos y juguetes, para que los niños las tirasen al suelo y cogieran lo que más les gustase. En la calle había un horno de ladrillo, barro y leña, y en los respiraderos de arriba las vecinas ponían sus rejas llenas de patatas, para asarlas con el calor. Aquellos días, el barrio entero comía patatas alfareras.»

Precisión. La directriz de José María Pemán para ser un buen columnista: «Creer solo en una o dos cosas fundamentales, y burlarse de todo lo demás.»

Prensa. Un ejemplo gráfico de la pérdida de poderío de las revistas es comparar lo que ofrecían antes (el patrocinio de *Arts & Architecture* de las Case Study Houses, hito del modernismo de la Costa Oeste) y lo que dan ahora (una muestra de champú anticaspa).

Presencia. Peter Zumthor: «En una sociedad que celebra lo superfluo, la arquitectura puede oponer resistencia, contrarrestar el desperdicio de formas. Los edificios pueden poseer un hermoso silencio que asocio a atributos como la compostura, la durabilidad, la integridad.»

Producto. Mi capítulo preferido del libro *Mugaritz. Puntos de fuga* es el de frases recogidas al vuelo de comensales decepcionados. «Yo no pago por aire.» «Esto no es comida, es una tomadura de pelo.» «¿Dónde está la kokotxa?» «¿Qué han hecho con el resto del bicho, se lo comen ellos?» «Con los productos tan maravillosos que tiene esta zona.» «Me piden que piense, pero yo a un restaurante vengo a comer.»

Promesa. Una de mis pesadillas, ya superada por la misma biología: ser identificado como joven talento. Qué presión, qué arbitrariedad. Quedas obligado a seguir subiendo como sea.

Psicoactivos. La única droga que he probado es el cannabis, hará diez años o más. Grandes tardes de cháchara, o leyendo a Michaux y a Frazer *(La rama dorada)* sin entender ni papa.

Reconocer. José María Fonollosa tiene un poema sobre ese momento: paseando por las calles de siempre vemos a un amigo en el interior de una cafetería, y lo avisamos con suavidad —toc, toc en el cristal—. Esos segundos de separación entre la sonrisa de dentro y la sonrisa de fuera me recuerda a cuando era niña y venían a buscarme a casa sin avisar.

Redundancia. El nombre más francés del mundo es Pierrette Pompon Bailhache, colaboradora de Sir Terence Conran.

Reich, Steve. Deutsche Grammophon había grabado su *Music for 18 Musicians,* pero durmió dos años el sueño de los justos hasta que en 1978 Manfred Eicher lo editó como Dios manda en ECM. Si hay marimbas y xilófonos, *I'm in.*

Religiosas, vestimentas. Monjes tibetanos, budistas japoneses, la capa parda de Zamora, los jasídicos, los ortodoxos rusos. Más elegantes que todos los pavos reales que pasean por Pitti con sus trajes.

Retana, Álvaro. Escritor genio de la autopromoción, protoinfluencer, sicalíptico, moderno al modo de Oscar Wilde. Me encantan esos títulos pícaros que hoy suenan naíf: *Las locas de postín, Sácate la caretita, Las vendedoras de caricias.*

Revancha. Nicolás Gómez Dávila: «Basta observar al que nos insulta para sabernos vengados.»

Rituales. En declive por culpa de la prisa y la productividad. Generan comunidad sin necesidad de hablar. El narcisista detesta las formas, la cortesía, porque le parece que aplanan su individualidad.

Rybczynski, Witold. Su libro *La casa* enumera (sin querer) todas las cobardías del burgués: el confort, lo utilitario, el guardar las formas, la regularidad, una ética de grises, la moderación, el disimulo, las satisfacciones modestas...

Salón de pasos perdidos. En arquitectura, algo así como un posvestíbulo o antecámara; un espacio patito feo que conecta una habitación importante con otra y en la que nadie se detiene, o solo se detiene para decidir hacia dónde ir.

Sálvame. Tienen algo que ya quisieran muchos escritores: un universo y lenguaje propios.

Salvaje. En los rituales paganos de la Europa tribal los hombres aún se disfrazan de bestias, con líquenes, ramas o paja. El

230

Homme Sauvage de Francia, el Pelzmärtle alemán, el Burryman escocés, el Macidula polaco, el Kukeri búlgaro, el Momotxorro navarro...

Sánchez Mejías, Ignacio. Del pobre hombre solo se recuerda que murió a las cinco de la tarde –de una cornada de Granadino, «pequeño, manso y astifino»– y que era cuñado de otro torero, el Gallo. Pero en 1928 fue el primero en escribir una obra de teatro *(Sinrazón)* basada en las teorías de Freud.

Sant Antoni. El mercado de libros antiguos donde muchos nos iniciamos en la lectura: Super Humores, revistas *Lib*, cromos de fútbol, primeras ediciones de La Pléiade, *Popular Mechanics* con apuntes en boli, partituras de Verdi. Algunos elegantes habituales del mercado, que nació en 1882: Guimerà, Rusiñol, Monzó, Gila, Nazario, Néstor Almendros...

Sastrería. No me digan que no tiene un poco de gracia que la quintaesencia de la sastrería británica, Anderson & Sheppard, tenga origen sueco: Per Anderson lo aprendió todo del holandés Frederick Scholte.

Sedaris, David. Él demuestra lo imprescindible que resulta el humor despiadado en un escritor. Para él todo es parodiable, empezando por él mismo: su amaneramiento saltarín, su atracción juvenil por lo anormal, su bendita frivolidad. No hay bochorno prohibido. Sedaris no tiene ningún problema en arremangarse y bajar a la cloaca.

Skate. Aún no entiendo por qué nadie ha escrito una novela de iniciación titulada *Yo me enamoré de un skater*. Circa 1997 perdí largas horas en Sants, Turó Park y el MACBA suspirando por Roura, Elorriaga, Lee, Mendizábal, Lebrón, Alemañ, Kuko o Yabar, pero no me hicieron ni puto caso. El plan B era dejarse ver cerca de Free, la tienda donde trabajaba otro *sex symbol* de la escena, Sören. El amor platónico *skater* es el más incomprensible: son infantiles, insolventes, egocéntricos, siempre están tullidos y van calientes como un mono. Pero es así:

cuando uno tiene diecisiete años, pasar la tarde en pandilla es la felicidad.

Slacker. Este adjetivo se aplicaba al insumiso que, por razones filosóficas o políticas, se negaba a participar en el servicio militar. Son hijos del *slackerío* vástagos tan diferentes como la revista *The Idler, The Fabulous Furry Freak Brothers* de Gilbert Shelton, los *Singles* de Cameron Crowe, la serie *The Young Ones,* el programa de televisión *ROX,* el primer Richard Linklater, la colección de 1992 de Marc Jacobs para Perry Ellis, los que vagan por los centros comerciales, *El gran Lebowski,* los hikikomoris y nuestros ni-nis.

Slater, Kelly. El deportista más elegante de la historia. No solo por su facilidad y generosidad, sino por su longevidad. Nadie –Ali, Gretzky, Tiger, Jordan, Federer– ha estado tanto tiempo en tan buena forma: lleva compitiendo desde 1990.

Smock. Dos prendas elegantes –el *smock* y el *gansey*– vienen de la misma zona: las Islas Anglonormandas. Hoy lo usan desde jardineros a pintores, pero en origen lo vestían los marineros, casi siempre en *drill* índigo, crudo o rojo. Debajo se vestía el *gansey,* un jersey de lana con variaciones en el patrón frontal que –cuenta la leyenda– servía para reconocer a los marineros cuyos cuerpos se rescataban de naufragios, identificándolos por el dibujo específico que su mujer había tejido.

Soledad. Joan Margarit: «La ausencia es una casa con radiadores helados.»

Solidaridad rural. Hasta 1950, muchas aldeas del noroeste de España permitían prácticas solidarias como la escarda (arranque de cardos para el forraje), el espigueo de cereales, el racimeo de viñas, la poznera (usufructuar árboles) o la rebusca de patatas. Con esos excedentes algunas familias comían durante semanas. También existía una obligación moral de asistir a los mendigos. El llamado *palo de los pobres* era una tablilla que pasaba por turnos por las casas. Cuando llegaba un vagabundo al pueblo, quien tenía el palo debía alojarlo.

Soria. Esas casas de piedra con un dintel donde hay esculpidas, a modo de protección e identificación, las rejas del arado. Orgullo labriego.

Sprezzatura. El descuido elegante nace siempre de la naturalidad, y para ser natural hay que tener al menos dos de las cuatro siguientes cosas: talento, tenacidad, confianza en el mundo, cuna.

Sta-prest. Léase *stay pressed.* Mi colección favorita de Levi's, con un apresto que hacía innecesaria la plancha. En la reedición de 1999 lanzaron la campaña con Flat Eric y la canción de Mr. Oizo, hecha en un par de horas con un Korg MS-20. En el videoclip, Flat Eric dirigía una multinacional en un despacho versallesco mientras comía frankfurts y firmaba contratos sin leerlos.

Tacto. Kant: «La mano es la ventana de la mente.» Al *Homo sapiens* no lo constituye solo la sutileza de la mano al presionar, sino –como saben por ejemplo los cirujanos o los pianistas– la habilidad de soltar.

Tartessos. Además de una civilización fascinante, también una de las librerías más añoradas de Barcelona. Luis Arribas vendía los mejores libros de fotografía y tenía siempre Bach de fondo.

Tatler. Y sus listas arbitrarias y *mitfordianas* de lo que es *u* y *non-u* (u = *upper class).* Es *u:* comer con pan, el bicarbonato, comprar el periódico, llevarse bien con el chófer, tener gota, los huevos fritos, jugar a dardos. No es *u:* el vino blanco, British Airways, el Apple Watch, la Soho Farmhouse.

Terrain vague. El nombre con el que Ignasi de Solà-Morales bautizó en 1995 los paisajes baldíos y áreas abandonadas marcadas por la ausencia. Frente a la tentación de incorporar esos terrenos a la ciudad productiva, Solà-Morales reclama el valor

—la elegancia involuntaria— de su estado de ruina, anonimato y libertad.

Terror. Aunque yo sea una rata cobarde, entiendo muy bien la fascinación por el miedo de H. P. Lovecraft, Dario Argento o Mariana Enriquez, que bordan esa «oscura gelatina que abraza placer y dolor» (Mark Fisher).

Tenacidad. Mi coleóptero preferido es el escarabajo pelotero, tremendamente humano: arrastra su mierda todo el día con alma de oficinista sísifo.

Tía Felipa. Felipa Aparicio fue la única vecina de Lagartera (y por extensión, del mundo) que llevó cada día de su vida el vestido de lagarterana. Desde los cinco años hasta los noventa y ocho, cuando murió. Me fascinan las personas que hacen de la repetición una religión.

Tintín. Lo que Tintín tenía de remilgado, Hergé lo tenía de *cool.* Al dibujante no solo le interesaba la moda (se deduce enseguida viendo al reportero con sus *plus fours,* sus *kilts,* sus camisas mao) sino que le encantaba el arte contemporáneo, y compró piezones de Georges Mathieu, Hans Hartung, Karel Appel y Roy Lichtenstein. Mi secundario preferido de Tintín es Tornasol, de nulas aptitudes sociales y mente privilegiada. Estaba inspirado (calcado, de hecho) en su amigo Auguste Piccard, científico suizo.

Títulos bonitos. *Sanglots* (Francis Poulenc), *Faggots* (Larry Kramer) y, mi preferido, *Angels with Dirty Faces* («Ángeles con caras sucias», Michael Curtiz). También me encanta *Nobleza baturra.*

Tortuga. ¿Cuál es más elegante, la del *contrapelista* Huysmans con piedras preciosas incrustadas en el caparazón, o la que recorre decidida «con ojos cómicos y fieros» el camino polvoriento de Oklahoma a California en *Las uvas de la ira?* Mi tortuga preferida es la de mi amigo Xavier. El animal —esto va a sonar raro— sirvió de celestina en una historia de amor.

Tontolpueblo. Más que un vecino, una institución. En la mayoría de idiomas *(village idiot, scemo del villaggio, idiot du village)* se le da por perdido, pero en el siempre poético portugués *(o louco da aldeia)* cobra una pátina de enajenación lúcida. Yo lo prefiero al listo del pueblo, desde luego.

Trabajo. Nadie fotografió mejor los oficios de barrio que Irving Penn en su serie *Small Trades.*

Tristeza. Me deprime el «hoy por ti, mañana por mí». Disfraza de solidaridad el egoísmo estratégico. Si se ayuda, que sea por empatía o compasión.

Troyano, Ritama. Ritama y Lorca visitan el Louvre, y el poeta le dice: «Vamos a pasar por delante de la Gioconda sin mirarla. ¡Es una burguesa! ¡No la mires!» Y ambos giran la cabeza de perfil como egipcios, muertos de risa.

Tutear. Los que tutean por sistema se pierden el placer y la repentina fraternidad que da el tratar de usted.

TV. Mi amor a la televisión es puro, infantil, apasionado. Soy la única persona de menos de ochenta años que sigue fiel a *la tele* (hay que llamarla así, con el apodo familiar) y a su narcotizante programación. El «a ver qué echan» es una radiografía inmejorable de lo que somos cuando se nos deja a nuestros *own devices.*

Turismo. Huida aburguesada. Todos fantaseamos alguna vez con la evasión, con desaparecer y no volver más. Viajar es una deserción controlada.

Un cadáver a los postres. La elegancia de mantener en nómina a un mayordomo ciego.

Val del Omar, José. Los valdelomaristas cobijan el legado de un cineasta diferente, que no trabajaba con planos sino con fogonazos místicos, y que no hacía películas sino conjuros. En el fotograma final de sus historias se despedía con un «Sin fin».

Vallcorba, Jaume. Cuando le dijeron al juicioso editor de Quaderns Crema y Acantilado que tenía fama de elitista exquisito, respondió: «Si exquisito quiere decir exigente, lo asumo.»

Venganza. En la fábula del flautista de Hamelín, que secuestra a los niños porque el pueblo le ha estafado unos dineros, los únicos críos que se salvan son un cojo que va demasiado lento, un sordo que ni se entera del lío y un ciego que se pierde por el camino. Yo quiero estar en ese grupo maravilloso de Los Dejados Atrás.

Verduras. El plato por el que se mide al cocinero. Estéticamente me parecen interesantísimas, como vestidas de alta costura, con esa complejidad de colores y formas: la berenjena, el romanesco, el ruibarbo, el pak choi, el cardo, el wasabi fresco. Las fotografió como estrellas de cine Edward Weston.

Viajes de novios. Los contemporáneos me parecen un horror, la humillación máxima. Creo que no me caso solo por evitar el bochorno de algo llamado luna de miel. Los de nuestros padres, sin pretensión alguna, fueron a Mallorca, Canarias o Santander, con una complicidad tímida, un vestuario modesto pero impecable y el legado de esos álbumes de fotos felices que parten el corazón. Los miramos, los escrutamos y calculamos cuánto faltaba para que llegáramos nosotros.

Vicios. Las únicas dos adicciones que no provocan daños en la salud son la lectura apasionada y la escucha obsesiva de música.

Videojuegos. Me gustan como medio expresivo, no como entretenimiento anestesiante. *Carmen Sandiego, Grim Fandango, Vib-Ribbon, Flower, Ôkami, Flappy Bird, Monument Valley* o *Gris* invitan a un diálogo inteligente.

Violencia. Solo es inofensiva en los títeres de cachiporra, esos muñecos de guiñol que siempre andan a la gresca. Lorca les escribió una farsa, *Retablillo de Don Cristóbal.*

Voluntarios. Otro de los soportes imprescindibles e invisibles —como las amas de casa y los jubilados— que mantienen una

sociedad hacendosa en marcha. En el caso específico del nacimiento de la Sociedad Española de Ornitología, los voluntarios hicieron una labor impagable de censado, anillado, cálcu-
lo, archivística...

Wolfe, Tom. Recién publicada su primera colección de ensayos *(The Kandy-Kolored Tangerine-Flake Streamline Baby)*,
Kurt Vonnegut definió perfectamente al autor: «Veredicto:
Libro excelente firmado por un genio que hará cualquier cosa
para llamar la atención.»

Wunderkammer. Inventario omnívoro y meticuloso de los
momentos históricos preferidos. Reúne lo que su propietario
ya conoce y aquello en lo que quiere profundizar. Es un sueño
imposible: ordenar el espectáculo del mundo en un orden sistemático y estético.

ÍNDICE